어+원
덕분에
영어공부가
쉬워졌습니다

플러스편

쉽고 재미있게, 원어민 영어 감각 플러스

교육 R&D에 앞서가는

키출판사

머리말

2018년 12월 처음 출판된 『어원 덕분에 영어 공부가 쉬워졌습니다』는 발간과 동시에 판매량이 폭발적으로 올랐으며, 한 달 만에 온라인 서점 '외국어 분야 베스트셀러 1위'를 달성하였다. 필자가 지난 40년간 영어 교사로 근무하며 터득한 경험과 노하우를 집대성한 이 책이 10대 중·고등학생부터 80대 후반의 독자분들에 이르기까지 폭넓은 관심과 사랑을 받은 것이다.

기존의 영어 단어 학습에서는 단어의 의미를 단조로운 방식으로 외워야만 했다면, 이 책에서는 단어의 '어원'과 '일러스트'를 통해 재미있게 공부해서 저절로 기억에 남게 만드는 새로운 학습 방법을 도입하고 있다. 이것이야말로 내가 학생들을 가르치면서 오랫동안 고수해온 방식이다.

이러한 새로운 학습 방법을 독자분들은 어떻게 느끼고 있을까. 이 책을 학습한 독자분들이 직접 작성해주신 리뷰 중 몇 가지를 이 자리에서 소개하겠다. 이 리뷰들은 곧 이 책의 특징이기도 하다.

● 시각적으로 기억에 남아 외우기 쉽다.
● 영어 단어의 생성 원리가 흥미롭다.
● '어원 메모'에 일반 상식에 도움되는 내용이 많아 즐겁게 읽고 있다.

● 모르는 단어라도 어원으로 단어 뜻을 추측할 수 있다.
● 빨리 다음 편이 나오기를 기다리고 있다.

　영어 단어를 '어원'으로 학습하는 것은 한마디로 **'하나의 영어 단어를 어원이라는 더 작은 부품 단위로 나누고, 각 부품의 의미를 연결하여, 단어의 의미를 추리하는'** 방법이다. 8쪽에서 더 자세히 설명하겠지만, 영어 단어의 부품은 크게 '접두사', '어근', '접미사' 이 세 가지로 나눌 수 있다. 그 중에서도 **'어근'은 단어의 중심부에 오며, 의미를 구성하는 가장 핵심적인 말로서, 영어 단어의 '키'라고 할 수 있다.**

　예를 들어, 'project(계획, 계획하다)'라는 단어를 부품(어원)으로 분해하면 'pro(앞에) + ject(던지다)'가 되는데, 이는 '모두의 앞에 던지다'라는 의미로 연결되고, 이로부터 **계획(하다)**'라는 의미가 나오는 것이다.

　어근 ject의 의미가 '던지다'라는 것을 알고 나면, reject는 're(뒤에) + ject(던지다)'가 되어 **'거부하다'**, object는 'ob(향하여) + ject(던지다)'가 되어 **'반대하다'**, subject는 'sub(아래에) + ject(던지다)'가 되어 **'복종시키다'**, inject는 'in(안에) + ject(던지다)'가 되어 **'주사하다, 주입하다'**처럼 수많은 단어를 동시에, 연상하여 외우는 것이 가능하다.

　그리고 이 단어들에 접미사 -ion을 붙이면 projection(투사, 영사), rejection(거부), objection(반대), subjection(복종),

injection(주사)과 같은 파생어들도 한 번에 외울 수 있어 어휘력을 월등하게 향상시킬 수 있다. 이것이 어원 학습의 가장 큰 장점이다.

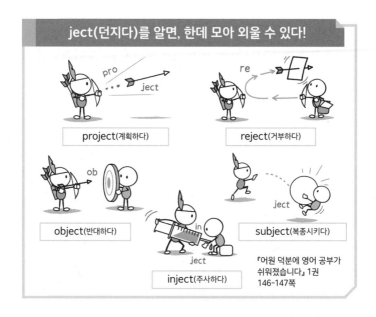

ject(던지다)를 알면, 한데 모아 외울 수 있다!

pro
ject
project(계획하다)

re
reject(거부하다)

ob
object(반대하다)

in
ject
inject(주사하다)

ject
subject(복종시키다)

『어원 덕분에 영어 공부가 쉬워졌습니다』 1권 146-147쪽

이 책은 『어원 덕분에 영어 공부가 쉬워졌습니다』 1권의 후속편이다. 1권을 사랑해주신 많은 독자분들의 요청에 답하고자 1권의 공동 저자 스즈키 히로시(すずきひろし) 씨, 일러스트레이터 혼마 아키후미(本間昭文) 씨가 이번에도 함께하여 『어원 덕분에 영어 공부가 쉬워졌습니다 플러스편』(2권)을 발간했다.

1권과 마찬가지로 2권에서도 '접두사'를 중심으로 Chapter를 구성하였다. 총 12개 Chapter(11개의 접두사 + 접두사처럼 쓰이는 어근)로 2권에서는 1권보다 7개 더 많은 총 110개의 어근을 엄선하였다.

미국 미네소타 대학(University of Minnesota)의 제임스 브라운(James I. Brown) 교수는 '14개의 마스터 워드(14 Master Words)'를 제시하면서, **14개의 단어에 포함된 20개의 접두사, 14개의 어근을 이해하는 것으로써, 미국 영어 사전 Webster's Collegiate Dictionary에 수록된 14,000개 이상의 영어 단어 의미를 추측할 수 있는 단서를 얻게 된다**는 연구 결과를 발표했다.

이 책에서 다루고 있는 30개의 접두사와 110개의 어근이라는 숫자로 놓고 봤을 때, 이 책을 통해 습득할 수 있는 어휘는 상당수에 달한다. 『어원 덕분에 영어 공부가 쉬워졌습니다』 1권에서 다룬 103개의 어근까지 합하면 총 213개가 된다. 일반적으로 영어 원어민 화자의 어휘력은 25,000 단어에서 30,000 단어이므로, 1권과 2권을 모두 공부하면 **원어민 수준의 어휘력에 한 발짝 가까워질 수 있다.**

『어원 덕분에 영어 공부가 쉬워졌습니다 플러스편』(2권)은 1권과 마찬가지로 일러스트와 어원을 통해 효율적으로 단어를 외울 수 있다는 것이 특징이다. 학습 방법의 효과를 극대화하기 위해, 영어의 중요한 어근 중에서도 이 책을 통해 학습할 때 가장 효과적인 어근을 선별하여 수록했다. 그렇기 때문에 이 책에서 다루지 못한 어근도 존재한다.

앞으로 독자 여러분이 영어 공부를 하다가 이 책에서 만나지 않았던 어근을 발견하면 꼭 직접 조사해 보실 것을 추천한다. 그때는 Online Etymology Dictionary라는 사이트를 참고하면 도움이 된다. 이 사이트에서 라틴어 · 그리스어 · 게르만어 · 산스크리트어 등의 **공통 조상이 되는 인도유럽어의 조어(祖語)**까지 거슬러 올라가 확인할 수 있으므로, 분명 새로운 지식적 발견을 할 수 있으리라 생각한다. 사이트는 전부 영어로 되어 있기 때문에 사용하기 어려울 수도 있지만, 같은 어근을 사용한 단어에 어떠한 것이 있는지를 조사하는 정도로도 충분하다. 스스로 여러분만의 어원 영어 단어장을 만들어 보는 것도 좋을 것이다.

부디 이 책을 통해 여러분의 영어 학습이 비약적인 발전을 이룰 수 있기를 소망한다.

2020년 4월   시미즈 켄지

어휘력이 월등하게 향상되는 어원 학습법이란?

어원 학습법이란 영어 단어를 구성 요소(어원)별로 나누어 생각하는 방법이다. 가령 distribution, contributor, attribute, tribute에 공통으로 포함된 -tribute는 '주다', '나누다'를 의미하는 어근으로, 다양한 접두사나 접미사와 조합하여 의미를 만든다. (Chapter 11-6 참조)

어원 -tribute를 공통으로 가진 단어

접두사	dis- (떨어져)	con- (함께)	at- (~ 쪽으로)	
어근	-tribute (주다)	-tribute (주다)	-tribute (주다)	-tribute (주다)
접미사	-ion (명사형 접미사)	-or (사람)		
	distribution (각각에게 주는 것)	**contributor** (모두에게 주는 사람)	**attribute** (원인을 ~에게 주다)	**tribute**
	분배	공헌자	~의 탓으로 돌리다	공물

단어의 구성 요소에는 3종류가 있다. 말의 선두에 붙어서 방향, 위치·시간, 강조, 부정 등을 나타내는 **접두사**, 주로 단어의 중간에 와서 그 단어의 핵심적인 의미를 나타내는 **어근**, 그리고 단어의 마지막에 붙어서 단어의 품사 기능이나 의미를 부가하는 **접미사**가 있다.

distribution

접두사	어근	접미사
dis	tribute	ion
떨어져	주다	명사형 접미사

distribution의 경우 dis는 방향을 나타내며 '떨어져' 있는 것을 의미하는 접두사이다. tribute는 '주다', '나누다'를 의미하는 어근이며, ion은 명사를 만들며 '움직임'을 나타내는 접미사이다.

대부분의 영어 단어(**특히 라틴어에서 유래한 영어 단어**)는 이런 방식으로 어원에 의해 성립된다. 그럼 다음으로 접두사, 어근, 접미사 지식을 습득했을 때 얻을 수 있는 효과를 자세히 알아보자.

어원 학습을 통해 얻을 수 있는 3가지 효과

하나

뿌리(어원)가 같은 단어가 줄줄이 따라온다

일반적인 단어 학습이라고 하면 단어장이나 단어 카드 등을 이용해서 그대로 암기하는 방법이 가장 먼저 떠오른다. 이것은 마치 전화번호를 무턱대고 외우는 방법과 같아서, 머릿속에서는 외워 낸 단어가 무질서하게 흩어진다. 당연히 기억에 잘 남지 않고 필요할 때 바로 머릿속에서 끄집어내기도 힘들다.

반면에 이 책에서 소개하는 어원 학습법은 **어원을 실마리로 단어를 관련지어 외우는 방법**이다. 앞에서 예로 든 'tribute'처럼 같은 어원을 가진 단어를 한데 모아 외우는 것이다. 그러면 고구마 덩굴처럼 관련된 단어까지 줄줄이 기억되어 어휘력이 점차 증가한다. 단어를 하나씩 외우는 일이 '덧셈'이라면 **어원 학습법은 '곱셈'인 것이다.** 당연히 학습 속도가 다를 수밖에 없다.

어휘는 관련지어 외우는 것이 가장 좋다!

접두사 어근

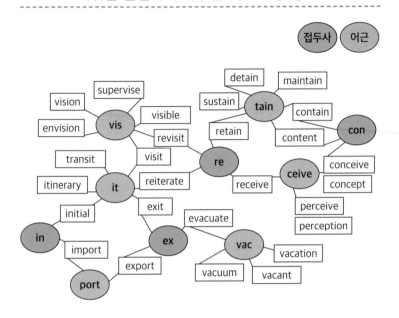

둘

어원을 알면
단어의 정확한 의미가 보인다

사전에 실린 뜻이나 단어를 단순 번역한 뜻만 가지고는 단어의
정확한 의미를 파악하는 데 충분하지 않다.

가령 둘 다 '조사하다'라고 번역되는 survey와 inspect의 의미
차이는 1권에서도 설명했듯이 어원으로 명확히 알 수 있다.

survey가 '위에서(sur) 보다(vey)', 즉 '조사하다, 살펴보다'라는 의미인 반면, inspect는 '안을(in) 보다(spect)' 즉 '(구석구석까지) 검사하다, 점검하다'라는 의미이다.

2권에서도 똑같이 '조사하다'라고 번역되는 research가 있다. research는 're(다시) + search(찾다)'로 '몇 번이나 찾아다니다'라는 뜻에서 모르는 것을 '조사하다', '연구(하다)'라는 의미가 된다. 또한 search가 circle과 같은 어원이라는 것을 알면 **찾으러 '돌아다닌다'는 단어의 느낌까지 이해할 수 있다.** (Chapter 10-2 참조)

이런 식으로 어원을 익히면 그저 '조사하다'라고 번역되는 여러 단어의 진짜 의미를 알 수 있으며, 유사한 단어의 의미를 구별하는 것까지 가능하다.

이밖에도 depict(묘사하다), describe(묘사하다, 설명하다), explain(설명하다)의 의미 차이도 이 책을 읽는 것만으로 깊이 있게 이해할 수 있을 것이다. (순서대로 Chapter 9-3, Chapter 4-5, Chapter 2-3 참조)

마찬가지로 **'다의어'에 대한 관점도 바뀐다.** 예를 들어 deliver는 '배달하다'라는 대표 의미가 있지만, 그 밖에 '이루다', '실행하다'라는 의미가 있으며, 또한 '출산하다'라는 의미도 있다. 얼른 보기에는 연결 짓기 어려운 '배달'과 '출산'도 **de(떨어져) + liver(자유)'에서 '놓아서 자유롭게 하다'**라는 어원적 의미를 통해서 보면 자연스럽게 연결된다. 덧붙여 축구나 배구의

어원을 알면 단어의 의미를 이해할 수 있다!

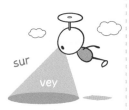

survey

sur (위에) + **vey** (보다)
➡ 위에서 보다
동 조사하다　명 조사

inspect

in (안에) + **spect** (보다)
➡ 안을 보다
동 검사하다

research

re (다시) +
search (찾다)
➡ 여러 번 찾아다니다
동 연구하다　명 연구

'libero(리베로, 자유로운 선수)'나 정치의 'liberal(자유주의의)'도 어원이 같다. (Chapter 9-6 참조)

이렇게 **어원을 이해하고 나면, 처음 보는 단어라도 스펠링을 보면 대강 의미가 보인다.** 이는 한자에서 부수를 보면 그 글자의 의미를 추측할 수 있는 것과 마찬가지다. 이 정도 수준까지 오게 되면 영어 단어의 스펠링은 더 이상 단순한 철자 기호가 아니다.

셋

어원과 일러스트로
기억에 강하게 남는다

이 책에서는 한 단어에 하나씩 일러스트를 첨부했다. 단순한 삽화가 아니라 **어원이 지닌 의미를 직감적으로 이해**할 수 있게 도와주는 일러스트를 넣고자 노력했다. 일러스트와 어원을 통한 이미지의 힘으로 기존의 단조로운 암기 방식으로는 얻을 수 없던 **입체적인 어휘 네트워크가 머릿속에 구축된다.**

동시에 어원을 통해 관련 단어를 이해하므로 단어의 의미를 기억에서 쉽게 꺼낼 수 있다. 잊어버렸던 단어의 의미까지 손쉽게 떠올리는 것이다. **결과적으로 영어를 읽는 능력, 듣는 능력까지 향상된다.**

이미지와 함께 흡수한 정보는 강하게 각인되어 기억에 오래 남는다. 그러니 일러스트를 힌트 삼아 단어가 지닌 이미지를 넓게 확장하기 바란다. 그러면 반드시 문자로 암기하는 한계를 넘어설 수 있다.

어원을 알아가는 과정은 단어들 간의 연결을 반복적으로 발견하는 일이다. innovation이나 novelty의 nov가 new와 같다는 것을 알고, 또한 프랑스어 '보졸레누보(Beaujolais nouveau, 프랑스 보졸레 지방에서 생산되는 포도주)'나 '아르누보(art nouveau, 신예술)' 등의 외래어와 조합하면 더 쉽게 이해되고 지식의 범위도 넓어진다. (Chapter 7-10 참조) 호기심은 모든 학습 동기의 원천이다. 이 책을 읽는 독자 여러분들께서 학습이 '즐거움'이 되는 경험을 하실 수 있기를 바란다.

2020년 4월　　스즈키 히로시

이 책의 구성

❶ Chapter 1부터 Chapter 11까지 각 Chapter에 하나의 접두사 혹은 동종의 접두사를 함께 소개하고, 그 접두사의 의미를 자세하게 설명한다. 가령 Chapter 1에서는 접두사 'inter-, dia-, per-'를 소개하고, international과 perish를 예로 든다.

❷ 앞서 소개한 접두사가 사용된 6개의 단어(interest, intellect, perform, perfume, diagram, dialogue)를 제시한다.

❸ 그 다음 페이지에서는 다시 같은 접두사를 가진 단어(interpret)를 소개하고, 그 단어에 사용된 어근(praise, price, prec, pret)을 설명한다.

❹ 그 오른쪽 페이지에는 앞서 소개한 어근(praise, price, prec, pret)이 사용된 4개의 단어(praise, precious, appreciate, depreciate)를 제시한다.

이 책을 다 읽을 무렵에는 어원 학습을 하는 데 특히 중요한 12개 그룹의 접두사와 어근을 이해할 수 있다. 아울러 그와 함께 소개된 110개의 어근, 그리고 그것을 포함하는 단어를 이해할 수 있다. 전체 지면에서 다루고 있는 어휘는 관련 어휘를 포함해서 약 1,000개 단어 정도이며, 여기에는 중·고등학교에서 다루는 기본 단어도 다수 포함되어 있으므로 초보자도 쉽게 학습할 수 있다. 중급 이상의 학습자는 기존에 습득한 어휘를 어원에 따라 정리하고, 더욱 확장하는 데 도움 받을 수 있을 것이다.

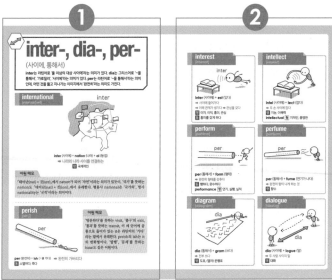

inter-, dia-, per-
(사이에, 통해서)

inter는 라틴어로 '둘 이상의 대상 사이에'라는 의미가 있다. dia는 그리스어로 '~을 통해서, 가로질러, '사이에'라는 의미가 있다. per는 라틴어로 '~을 통해서'라는 의미인데, 어떤 것을 뚫고 지나가는 이미지에서 '완전히'라는 의미도 가진다.

international [intərnǽʃənl]

inter
inter (사이에) + nation (나라) + al (형접)
→ 나라와 나라 사이를 연결하는
🔷 국제적인

어원 메모
「네이처(nat)+ 어(ure)」에서 nature가 되어 '자연'이라는 의미가 있으며, '국가'를 뜻하는 nation도 「네이션(nat) + 션(ion)」에서 유래한다. 형용사 national은 '국가의', 명사 nationality는 '국적'의 의미이다.

perish [périʃ]

per
per (완전히) + ish (~을 가다) → 완전히 가버리다
🔷 소멸하다, 죽다

어원 메모
'방문하다'를 뜻하는 visit, '출구'의 exit, '통과'를 뜻하는 transit, 이 세 단어에 공통으로 들어가 있는 it은 라틴어의 '가다'라는 말에서 유래했다. perish의 ish는 it의 변형형이다. '방황', '문제'를 뜻하는 issue도 같은 어원이다.

interest [íntərest]

inter
inter (사이에) + est (있다)
→ 사이에 있어가
→ 이에 관심이 생기다 → 관심을 갖다
🔷 이자, 이익, 흥미, 관심
🔷 흥미를 갖게 하다

intellect [íntəlekt]

intel (사이에) + lect (모으다)
→ 두 사이에서 모으다
🔷 지능, 이해력
intellectual 🔷 지적인, 총명한

perform [pərfɔ́rm]

per
per (통해서) + form (형태)
→ 완전히 형태로 하다
🔷 행하다, 완수하다
performance 🔷 연기 실력, 실적

perfume [pərfjúːm]

per
per (통해서) + fume (연기가 나다)
→ 완전히 향이 나게 하는 것
🔷 향수

diagram [dáiəgræm]

dia
dia (통해서) + gram (쓰다)
→ 전부 보다
🔷 도표, (열)운행도

dialogue [dáiəlɔ̀g]

dia
dia (통해서) + logue (말)
→ 두 사람 사이의 말
🔷 대화

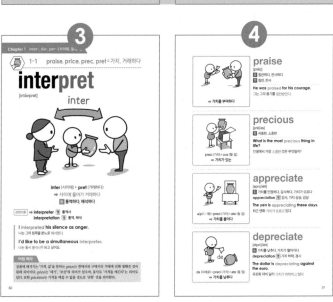

Chapter 1 · inter-, dia-, per- (사이에, 통해...)

1-1 praise, price, prec, pret = 가치, 거래하다

interpret
[intə́rprit]

inter
inter (사이에) + pret (거래하다)
→ 사이에 들어가 거래하다
🔷 통역하다, 해석하다

관련어휘 → interpreter 🔷 통역사
interpretation 🔷 통역, 해석

I interpreted his silence as anger.
나는 그의 침묵을 분노로 해석했다.

I'd like to be a simultaneous interpreter.
나는 동시통역사가 되고 싶어요.

어원 메모
상품에 매기는 '가격, 값'을 뜻하는 price는 판매서와 구매자의 거래에 의해 정해진 것이 원래 의미이다. price는 '가치', '보상'의 의미가 있으며, 동사로 '가격을 매긴다'는 의미도 있다. 또한 priceless는 가격을 매길 수 없을 정도로 '귀한' 것을 의미한다.

praise
[preiz]
🔷 칭찬하다, 찬사하다
🔷 칭찬, 찬사
He was praised for his courage.
그는 그의 용기를 칭찬받았다.
→ 가치를 부여하다

precious
[préʃəs]
🔷 귀중한, 소중한
What is the most precious thing in life?
인생에서 가장 소중한 것은 무엇일까?
preci (가치) + ous (형) → 가치가 있는

appreciate
[əprí:ʃièit]
🔷 가치를 인정하다, 감사하다, 가치가 오르다
appreciation 🔷 감사, 가치 상승, 감상
The yen is appreciating these days.
최근 엔화 가치가 오르고 있다.
a(p) (~에) + preci (가치) + ate (동) → 가치를 붙이다

depreciate
[diprí:ʃièit]
🔷 가치를 낮추다, 가치가 떨어지다
depreciation 🔷 가치 하락, 경시
The dollar is depreciating against the euro.
유로화 대비 달러 가치가 하락하고 있다.
de (아래로) + preci (가치) + ate (동) → 가치를 낮추다

30

31

Chapter 3 ad-, a- (~ 쪽으로, ~에)

Chapter 4 pre-, pro- (앞에)

Chapter 5 e(x)-, extr(a)- (밖에, 넘어서)

Chapter 6 co-, con-, com- (함께, 완전히)

Chapter 7 in-, en-, em- (안에, 완전히)

Chapter 8 in-, un-, a- (아닌)

Chapter 9 de-, sub- (아래에)

Chapter 10 re- (다시, 뒤로, 완전히)

Chapter

1

inter-, dia-, per-
(사이에, 통해서)

inter-, dia-, per-
(사이에, 통해서)

inter는 라틴어로 '둘 이상의 대상 사이에'라는 의미가 있다. dia는 그리스어로 '~을 통해서', '가로질러', '사이에'라는 의미가 있다. per는 라틴어로 '~을 통해서'라는 의미인데, 어떤 것을 뚫고 지나가는 이미지에서 '완전히'라는 의미도 가진다.

international
[ìntərnǽʃənl]

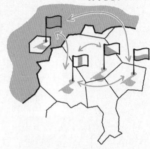

inter

inter (사이에) + nation (나라) + al (형·접)
➡ 나라와 나라 사이를 연결하는
형 국제적인

어원 메모

「태어난(nat) + 것(ure)」에서 nature가 되어 '자연'이라는 의미가 있듯이, '국가'를 뜻하는 nation도 「태어난(nat) + 것(ion)」에서 유래한다. 형용사 national은 '국가의', 명사 nationality는 '국적'이라는 의미이다.

perish
[périʃ]

어원 메모

'방문하다'를 뜻하는 visit, '출구'의 exit, '통과'를 뜻하는 transit, 이 세 단어에 공통으로 들어가 있는 it은 라틴어의 '가다'라는 말에서 유래한다. perish의 ish는 it의 변화형이다. '발행', '문제'를 뜻하는 issue도 같은 어원이다.

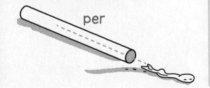

per

per (완전히) + ish (= it 가다) ➡ 완전히 가버리다
동 소멸하다, 죽다

interest
[íntərəst]

inter (사이에) + **est** (있다)
➡ 사이에 들어가다
➡ 이해 관계가 생기다 ➡ 관심을 갖다
명 이자, 이익, 흥미, 관심
동 흥미를 갖게 하다

intellect
[íntəlèkt]

intel (사이에) + **lect** (잡다)
➡ 두 손 사이에 잡다
명 지능, 이해력
intellectual 형 지적인, 총명한

perform
[pərfɔ́ːrm]

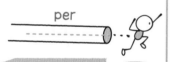

per (통해서) + **form** (형태)
➡ 완전히 형태를 갖추다
동 행하다, 완수하다
performance 명 연기, 실행, 실적

perfume
[pə́ːrfjuːm]

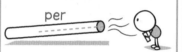

per (통해서) + **fume** (연기가 나다)
➡ 완전히 향이 나게 하는 것
명 향수

diagram
[dáiəgræm]

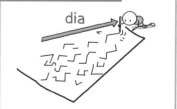

dia (통해서) + **gram** (쓰다)
➡ 전부 쓰다
명 도표, (열차) 운행표

dialogue
[dáiəlòːg]

dia (사이에) + **logue** (말)
➡ 두 사람 사이의 말
명 대화

1-1 **praise, price, prec, pret** = 가치, 거래하다

interpret

[intə́ːrprət]

inter

inter (사이에) + **pret** (거래하다)

➡ 사이에 들어가 거래하다

동 **통역하다, 해석하다**

관련어휘 ➡ **interpreter** 명 통역사
interpretation 명 통역, 해석

I interpreted his silence as anger.
나는 그의 침묵을 분노로 해석했다.

I'd like to be a simultaneous interpreter.
나는 동시 통역사가 되고 싶어요.

어원 메모

상품에 매겨지는 '가격, 값'을 뜻하는 price는 판매자와 구매자의 거래에 의해 정해진 것이
원래 의미이다. price는 '대가', '보상'의 의미가 있으며, 동사로 '가격을 매긴다'는 의미도
있다. 또한 priceless는 가격을 매길 수 없을 정도로 '귀한' 것을 의미한다.

praise

➡ 가치를 부여하다

[préiz]

동 칭찬하다, 찬사하다
명 칭찬, 찬사

He was praised for his courage.
그는 그의 용기를 칭찬받았다.

---

precious

preci (가치) + ous (형·접)
➡ 가치가 있는

[préʃəs]

형 귀중한, 소중한

What is the most precious thing in life?
인생에서 가장 소중한 것은 무엇일까?

---

appreciate

a(p) (~에) + preci (가치) + ate (동·접)
➡ 가치를 붙이다

[əprí:ʃièit]

동 가치를 인정하다, 감사하다, 가치가 오르다
appreciation 명 감사, 가치 상승, 감상

The yen is appreciating these days.
최근 엔화 가치가 오르고 있다.

---

depreciate

de (아래로) + preci (가치) + ate (동·접)
➡ 가치를 낮추다

[diprí:ʃièit]

동 가치를 낮추다, 가치가 떨어지다
depreciation 명 가치 하락, 경시

The dollar is depreciating against the euro.
유로화 대비 달러 가치가 하락하고 있다.

1-2   sect, seg, sex = 자르다, 나누다

intersection

[ìntərsékʃən]

inter (사이에) + **sect** (자르다) + **ion** (명·접)
➡ 사이에 들어가 자르는 것
명 **교차(로)**

관련어휘 ➡ **intersect** 동 교차하다, 가로지르다

Turn right at the next intersection.
다음 교차로에서 우회전하세요.

The streets of the town intersect at right angles.
그 도시의 거리는 직각으로 교차한다.

어원 메모

'성별'이나 '성'을 나타내는 sex는 인도유럽어의 조어 sek에서 유래하며 이는 '자르다', '나누다'라는 의미를 가진다. '성적인'은 sexual, '중성의', '성행위를 하지 않는'은 sexless, '성차별(주의)'은 sexism이라고 한다. 책에서 '장(chapter)'을 잘게 쪼갠 것이 '섹션(section)'. 참고로 '살충제(insecticide)'의 cide(자르다)는 의미는 같지만 다른 어원이다.

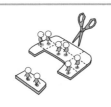

→ 나누어진 것

sect

[sékt]

명 종파, 파벌, 당파

Islam has two sects: the Sunnis and the Shias.

이슬람 교에는 두 개의 종파가 있는데, 수니파와 시아파이다.

in (안에) + sect (자르다)
→ **안이 잘려 있다**

insect

[ínsekt]

명 곤충, 벌레

I got a lot of insect bites.

나는 벌레에 많이 쏘였다.

insect (곤충) + cide (자르다)
→ **곤충을 자르다**

insecticide

[inséktəsàid]

명 살충제

We use no insecticides or herbicides.

우리는 살충제도 제초제도 사용하지 않는다.

seg (자르다) + ment (명·접)
→ **잘라서 나누어진 것**

segment

[ségmənt]

명 부분, 구분

One segment of this jigsaw puzzle is missing.

이 직소 퍼즐의 한 조각이 없다.

1-3   leg, lig = 고르다, 모으다, 법

intelligence

[intélidʒəns]

inter (사이에) + **lig** (고르다) + **ence** (명·접)
➡ 여러 가지 중에서 골라내는 것

명 **지능, 이해력**

관련어휘 ➡ **intelligent** 형 지능이 높은, 똑똑한

AI stands for artificial intelligence.
AI는 인공 지능을 의미한다.

A chimpanzee is an intelligent animal.
침팬지는 지능이 높은 동물이다.

어원 메모

'대학'의 college는 「함께(col) + 선택된(leg)」 사람들이 모이는 곳에 유래한다. 선택된 사람(예를 들면 의사, 변호사, 대학 교수 등 전문직이나 공직에 종사하는 사람)의 '동료'가 colleague. '전설'이라는 뜻의 legend는 옛날부터 현재에 이르기까지 '선택되어 구전된 것'이 원래 의미이다.

diligent

di(s) (떨어져) + lig (고르다) + ent (형·접)
➡ 골라내는

[dílidʒənt]
형 근면한, 부지런한
diligence 명 근면, 부지런함

Koreans are known as a diligent people.
한국인은 부지런한 민족으로 알려져 있다.

eligible

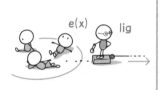

e (밖으로) + lig (고르다) + ible (형·접)
➡ 골라서 빼낸

[élədʒəbl]
형 자격이 있는, 적임의
ineligible 형 자격이 없는, 부적격의

People over 18 are eligible to vote in the U.K.
영국에서는 18세 이상부터 투표할 수 있는 자격이
있다.

illegal

i(l) (아닌) + leg (법) + al (형·접)
➡ 합법이 아닌

[ilíːgl]
형 불법적인
legal 형 합법적인, 법률(상)의

It's illegal to park cars in this area.
이 지역에 주차하는 것은 불법이다.

privilege

privus (= private 개인의) + leg (법, 고르다)
➡ 개인의 법률

[prívəlidʒ]
명 특권, 영예
동 특권을 주다
privileged 형 특권이 있는

It's a privilege to meet you.
당신을 뵙게 되어 영광입니다.

1-4 gno, kno = 알다

diagnosis

[dàiəgnóusis]

gno

dia

dia (사이에, 통해서) + **gno** (알다) + **sis** (명·접)

➡ 몸속을 아는 것

명 진단, 분석

관련어휘 ➡ **diagnose** 동 진단하다

What was the diagnosis?
진단은 어땠습니까?

He was diagnosed with cancer.
그는 암으로 진단받았습니다.

어원 메모

know(알다)는 인도유럽어의 조어인 '알다'라는 뜻의 gnō에서 유래한 것이지만, 현대 영어에서는 gno, kno에서 g, k가 빠진 no도 '알다'라는 의미로 많은 단어에 쓰인다. 그 예로 '필기'를 뜻하는 note, '통지', '게시', '깨닫다'라는 뜻의 notice, '생각', '개념'을 뜻하는 notion, '통지하다'라는 뜻의 notify, '고귀한'을 뜻하는 noble, '악명 높은'을 뜻하는 notorious 등이 있다.

ignore

[ignɔ́ːr]

동 무시하다

ignorant **형** 무지한, 무식한

ignorance **명** 무지, 무식

Don't ignore the facts.
사실을 무시하지 마라.

i (아닌) + gno (알다)
➡ 알지 못하는

recognize

[rékəgnàiz]

동 알아보다, 인정하다

recognition **명** 인식, 승인

I couldn't recognize him at first.
나는 처음에 그를 알아볼 수 없었다.

re (다시) + co (함께) + gnize (알다)
➡ 다시 인식하다
➡ 알아보다

knowledge

[nálidʒ]

명 지식, 알고 있는 것

knowledgeable **형** 아는 것이 많은

He has knowledge of the Latin language.
그는 라틴어 지식을 갖고 있다.

know (알다) + ledge (하는 것)
➡ 알고 있는 것

acknowledge

[əknálidʒ]

동 인정하다, 승인하다

acknowledgement **명** 인정, 승인

He acknowledged having lied to me.
그는 나에게 거짓말했던 것을 인정했다.

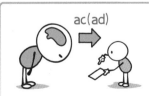

ac(ad)

ac (= ad ~에) + know (알다)
+ ledge (하는 것)
➡ ~을 알고 있는 것

1-5   mens, meter, metry = 재다

dia**meter**

[daiǽmətər]

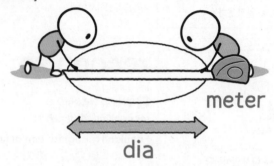

meter

dia

dia (통해서) + **meter** (재다)

➡ 원주의 한 점에서 중심을 지나 반대쪽
원주까지 그은 선분의 길이

명 지름

관련어휘 ➡ **diametrical** 형 지름의, 정반대의
diametrically 부 완전히, 전혀

Draw a circle with a diameter of 10 centimeters.
지름 10센티미터의 원을 그리시오.

Our opinions are diametrically opposed.
우리의 의견은 완전히 반대다.

어원 메모

symmetry는 「똑같이(sym) + 재는 것(metry)」에서 '(좌우) 대칭'을 뜻하며, asymmetry
는 「아닌(a) + 똑같이(sym) + 재는 것(metry)」에서 '비대칭'을 뜻한다. 접미사처럼 쓰이
는 meter는 '~을 재는 기구'라는 뜻으로, thermometer는 '온도계', barometer는 '기압
계', pedometer는 '보수계(걸음 수를 재는 기구)', speedometer는 '속도계'가 된다. '식
사'의 meal은 원래 '측정된 시간'이라는 뜻. '학기'는 semester인데, 이것은 「여섯
(se = six) + 달(mester = moon)」로 한 달씩 여섯 번 잰다는 의미에서 온 말이다.

geometry

[dʒiámətri]

명 기하학, 구조

geometric **형** 기하학적인, 기하학의

I was good at geometry.
나는 기하학을 잘했다.

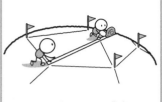

geo (지구) + metry (측정)
➡ 지구를 측정하는 것

immense

[iméns]

형 거대한, 헤아릴 수 없는

immensity **명** 엄청남, 방대함

He left an immense fortune for his family.
그는 가족에게 막대한 재산을 남겼다.

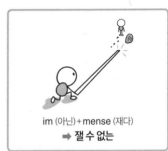

im (아닌) + mense (재다)
➡ 잴 수 없는

dimension

[diménʃən]

명 차원, 치수

I measured each dimension of the room.
나는 그 방의 각각의 치수를 쟀다.

di (= dis 떨어져) + mens (재다) + ion (명·접)
➡ 재서 나누는 것

measure

[méʒər]

명 기준, 정도, 조치[방법]

동 재다

Can you measure the length of the bed?
침대 길이를 재 주시겠어요?

meas (재다) + ure (명·접)
➡ 재는 것

1-6   lect = 모으다, 읽다, 말하다

dialect

[dáiəlèkt]

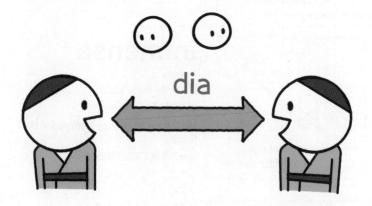

dia

dia (사이에) + **lect** (말하다)

➡ 특정 지역에서 사람들 사이에 하는 말

명 **방언, 사투리**

관련어휘 ➡ **dialectal** 형 방언의

I don't understand his dialect at all.
나는 그의 사투리를 전혀 알아들을 수 없다.

There are dialectal differences between the two.
그 둘 사이에는 방언의 차이가 있다.

어원 메모

collect는 「함께(col) + 모으다(lect)」로, 비슷한 것을 '수집하다'라는 뜻이며, 명사 collection은 '수집', collector는 '수집가', 형용사 collective는 '집단의', '수집된'이라는 뜻이다. '강의(하다)'라는 뜻의 lecture는 「읽다·말하다(lect) + 것(ure)」에서 온 말이다.

elect

[ilékt]

동 (투표로) 뽑다, 선출하다
election 명 선거

e (밖에) + lect (모으다)
➡ 골라내다

He was elected mayor of this city last year.
그는 작년에 이 도시의 시장으로 선출되었다.

---

select

[səlékt]

동 (신중히) 고르다, 선택하다　형 엄선된
selection 명 선택, 선발된 사람[물건]

se (떨어져) + lect (모으다)
➡ 골라내다

She was selected for the national team.
그녀는 국가 대표 팀으로 선발되었다.

---

recollect

[rèkəlékt]

동 기억해 내다
recollection 명 추억, 기억

re (다시) + co(l) (함께) + lect (모으다)
➡ 예전 기억을 한데 모으다

I cannot recollect my phone number.
내 전화번호가 기억나지 않아요.

---

neglect

[niglékt]

동 소홀히 하다, 게을리하다
negligence 명 방치, 소홀
negligent 형 태만한, 게으른

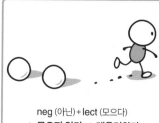

neg (아닌) + lect (모으다)
➡ 모으지 않다 ➡ 게을리하다

Don't neglect your studies.
공부를 게을리하지 말아라.

1-7 ang, ank, gon= 구부러지다, 각

diagonal

[daiǽgənl]

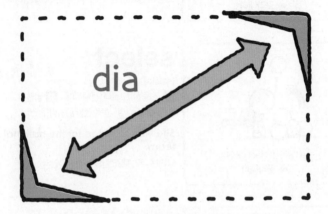

dia

dia (통해서) + **gon** (각) + **al** (형·접)

➡ 각과 각을 통해서

형 대각선의, 경사진

관련어휘 ➡ **diagonally** 부 대각선으로, 비스듬히

Draw a diagonal line.
대각선을 그리시오

Slice the sandwich diagonally.
샌드위치를 대각선으로 자르세요

어원 메모

'각'을 뜻하는 angle은 '구부리다'라는 의미의 인도유럽어 조어 ang이나 ank에서 유래한다. '삼각형'은 triangle, '사각형'은 quadrangle이다. 단 '오각형'부터는 '무릎'이나 '각'을 뜻하는 인도유럽어 조어 genu에서 파생된 gon을 사용하여 pentagon(오각형), hexagon(육각형), heptagon(칠각형), octagon(팔각형), nonagon(구각형), decagon(십각형)으로 쓴다.

anchor

anch (구부러지다) + or (것)
➡ **구부러진 것**

[ǽŋkər]
명 닻, 정신적 지주, (뉴스) 앵커

A huge passenger liner is at anchor.
거대한 여객선이 정박하고 있다.

ankle

ank (구부러지다) + le (것)
➡ **구부러진 것**

[ǽŋkl]
명 발목

I twisted my right ankle.
나는 오른쪽 발목을 삐었다.

angler

ang (구부러지다) + le (것) + er (사람)
➡ **낚시 바늘을 가진 사람**

[ǽŋglər]
명 낚시꾼
angle **동** 낚시하다, 비스듬히 놓다　**명** 각, 각도
angler fish **명** <어류> 아귀

There were many anglers on the lake.
호수에 많은 낚시꾼들이 있었다.

rectangle

rect (똑바로) + angle (각)
➡ **직각**

[réktæ̀ŋgl]
명 직사각형
rectangular **형** 직사각형의, 직각의

That rectangle is 10 cm long and 20 cm wide.
그 직사각형은 길이가 10센티미터, 너비가 20센티미터이다.

1-8   man, main = 머무르다

permanent

[pə́:rmənənt]

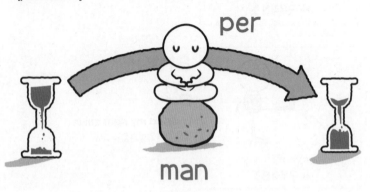

per

man

per (통해서) + **man** (머무르다) + **ent** (형·접)

➡ 계속 있는

형 영구적인, 상설의   명 펌

관련어휘 ➡ **perm** 동 (머리에) 펌을 하다   명 펌

Permanent peace is only an illusion.
영구적인 평화는 환상일 뿐이다.

I'll get my hair permed.
나는 머리에 펌을 할 거야.

어원 메모

라틴어로 '머무르다'라는 뜻의 manere에서 유래했다. mansion은 프랑스어를 거쳐 영어에 들어온 단어로 '대저택'이라는 뜻이다. 프랑스어로 '집'은 maison(메종)이라고 하는데, maisonette(메조네트)는 「집(maison) + 작은 것(ette)」에서 온 말로 '복층형 공동 주택'을 가리킨다.

remain

[riméin]

동 남다, ~인 채로 있다

명 (-s) 남은 것, 유적

The problem remains unsolved.

그 문제는 미해결로 남아 있다.

main   re

re (뒤에) + main (머무르다)
➡ **남아 있다**

---

remainder

[riméindər]

명 나머지, 잔여(물)

You must pay the remainder of your invoice.

귀하는 명세서의 잔금을 내셔야 합니다.

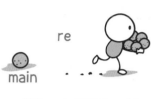

re

main

re (뒤에) + main (머무르다) + er (것)
➡ **남아 있는 것**

---

remnant

[rémnənt]

명 남은 부분, 잔해

The remnants of the meal are frozen.

식사하고 남은 것은 냉동되어 있다.

remain (남다) + ant (것)
➡ **남아 있는 것**

---

manor

[mǽnər]

명 저택, 영지

The lord lived in a manor house.

그 영주는 저택에 살았다.

man (머무르다) + or (것)
➡ **머무르는 장소**

1-9　　seq(u), sec(ute) = 이어지다, 따라가다

persecute

[pə́ːrsəkjùːt]

per

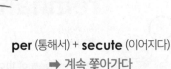

per (통해서) + **secute** (이어지다)

➡ 계속 쫓아가다

[동] 박해하다, 끈질기게 괴롭히다

관련어휘 ➡ **persecution** [명] 박해

The Romans persecuted Christians.
고대 로마인들은 크리스트교인들을 박해했다.

It's just your persecution complex.
그건 당신의 피해망상일 뿐이에요.

어원 메모

secu나 sequi는 라틴어로 '이어지다'라는 뜻. second(초)는 minute(분)에 이어지는 단위이고, 또한 second(두 번째)는 first(첫 번째)에 이어지는 순서이다. 피겨스케이팅에서 '스텝 시퀀스(step sequence)'는 어떤 도형을 그리면서 스텝을 밟아 나가는 것을 말한다.

pro (앞에) + secute (이어지다)
➡ 앞으로 진행하다

prosecute

[prásəkjùːt]

[동] 기소하다, 추진[수행]하다
prosecution [명] 기소, 고발
prosecutor [명] 검찰관, 검사

The suspect was prosecuted.
그 용의자는 기소되었다.

ex (밖으로) + (se)cute (이어지다)
➡ 밖에까지 따라가다
➡ 끝까지 하다

execute

[éksəkjùːt]

[동] 처형하다, 실행하다
executive [명] 임원, 경영진　[형] 경영의
execution [명] 처형, 실행

The queen was executed.
그 여왕은 처형되었다.

con (함께) + sequ (이어지다) + ence (명·접)
➡ 함께 따라온 것

consequence

[kánsəkwèns]

[명] 결과, 중요함
consequently [부] 그 결과

It caused a serious consequence.
그것은 중대한 결과를 야기했다.

sub (아래로) + sequ (이어지다) + ent (형·접)
➡ 아래로 이어지는

subsequent

[sʌ́bsikwənt]

[형] 이후의, 다음의
subsequently [부] 그 후에

Two subsequent meetings were held.
두 차례의 후속 회의가 열렸다.

Chapter

2

sur-, trans-, super-

(위에, 넘어서, 가로질러)

sur-, trans-, super-
(위에, 넘어서, 가로질러)

sur는 라틴어로 '~ 위에', '~을 넘어서'라는 의미로, sur가 프랑스어를 거쳐서 온 말이 super이다.
trans는 라틴어로 '~을 가로질러', '~을 넘어서'라는 의미가 있다.

surrealism
[səríːəlìzm]

sur

sur (넘어서) + **real** (현실적인) + **ism** (주의)
➡ 초현실주의
명 초현실주의

어원 메모

발상이나 표현이 비현실적인 예술을 뜻하는 surrealism은 '초현실주의'라는 말과 같다.
real은 「실재하는 것(re) + 의(al)」가 어원으로, 상상이 아닌 '진짜인' 것을 말한다. '현실'은
reality, '현실적인'은 realistic, '실현하다'는 realize이다.

---

transatlantic
[trænzətlǽntik]

trans

trans (가로질러) + **atlantic** (대서양)
➡ 대서양을 가로지르는
형 대서양을 횡단하는

어원 메모

'대서양'을 뜻하는 Atlantic Ocean은 대
서양에 하루 만에 가라앉았다는 전설 속의
낙원 아틀란티스(Atlantis)에서 유래했다.
Atlantis는 그리스어로 '아틀라스(Atlas)
의 딸'이라는 뜻인데, 아틀라스는 제우스의
말을 거역하여 하늘을 두 어깨로 메는 벌
을 받은 거인이다. 옛날 '지도책' 앞에 그려
진 지구를 짊어진 아틀라스 그림에서 유래
하여 atlas에는 '지도책'이라는 뜻이 있다.

surtax
[sə́:rtæks]

sur (넘어서) + tax (세금)
➡ 기존 세금에 추가되는 세금
명 부가세

surveillance
[sərvéiləns]

sur (위에) + vei (보다) + ance (명·접)
➡ 위에서 보는 것
명 감시, 관찰
survey 동 조사하다 명 조사

superpower
[súːpərpàuər]

super (넘어서) + power (힘)
➡ 힘을 뛰어넘는 것
명 초강대국

translate
[trænsléit]

trans (가로질러) + late (운반하다)
➡ 각각의 장소에 운반하다
동 번역하다, 통역하다
translation 명 번역, 통역

tradition
[trədíʃən]

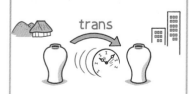

tra (가로질러) + di (주다) + tion (명·접)
➡ 시대를 가로질러 주는 것
명 전통, 전설
traditional 형 전통적인

transient
[trænʃənt]

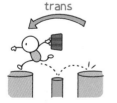

trans (가로질러) + ient (가다)
➡ 넘어가다
형 일시적인, 과도기의

2-1 pris, priz, ghend = 잡다

sur**prise**

[sərpráiz]

sur (위에서) + **prise** (잡다)

➡ 위에서 잡아 놀라게 하다

동 **놀라게 하다**

관련어휘 ➡ **surprising** 형 놀라운, 놀랄 만한

We were surprised to hear the news.
우리는 그 소식을 듣고 놀랐다.

There's nothing surprising in his idea.
그의 생각에는 아무 것도 놀라운 것이 없다.

어원 메모

'상금', '상품'을 뜻하는 prize는 '잡은 것'을 뜻하며, 잡은 범인이 있는 곳 '감옥'은 prison 이다. 그곳에 있는 '재소자'가 prisoner, 사람을 '투옥하는' 것은 imprison이다. 육식 동 물에게 잡히는 '먹이'는 prey인데, 이것은 라틴어로 '잡다'를 뜻하는 prendre에서 유래한 것으로, 더 거슬러 올라가 인도유럽어의 조어 ghend에서 유래한다. ghend는 게르만어 를 거쳐 get이 되었다.

com (함께) + prise (잡다)
➡ 함께 모아서 잡다

comprise

[kəmpráiz]
동 구성하다, 포함하다

The town's population is comprised of mainly Asians.
그 도시의 인구는 주로 아시아인으로 구성된다.

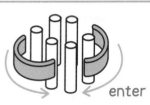

enter (= inter 사이에) + prise (잡다)
➡ 손 안에 잡는 것

enterprise

[éntərpràiz]
명 (새로운) 기업, 회사, 진취성
entrepreneur 명 기업가

His dream is to be the CEO of a huge enterprise.
그의 꿈은 거대 기업의 CEO가 되는 것이다.

com (완전히) + pre (앞에) + hend (잡다)
➡ 완전히 잡다

comprehend

[kàmprihénd]
동 (충분히) 이해하다, 포함하다
comprehensive 형 포괄적인
comprehension 명 이해력

No one could comprehend these phenomena.
아무도 이 현상들을 이해하지 못했다.

a(p) (~에) + pre (앞에) + hend (잡다)
➡ 범인을 눈앞에서 잡다

apprehend

[æprihénd]
동 체포하다
apprehension 명 체포, 불안
apprehensive 형 불안한

The police failed to apprehend the suspect.
경찰이 용의자를 체포하는 데 실패했다.

2-2   act, ag= 움직이다, 행동하다

transact

[trænsǽkt]

trans

trans (가로질러) + **act** (행동하다)

➡ 사이를 가로질러 행동하다

동 (업무, 거래를) 수행하다

관련어휘 ➡ **transaction** 명 업무 처리, 거래

The deal was successfully transacted.
그 거래는 성공적으로 수행되었다.

Most transactions are done over the phone.
대부분의 거래는 전화로 이루어진다.

어원 메모

act는 명사로 '행동', 동사로는 '행동하다, 연기하다'라는 의미로, 형용사 active는 '활동적인, 적극적인', actual은 '실제의'이다. 명사 action은 '행동', activity는 '활동', actor는 '배우'라는 의미가 된다. 여기에 쓰인 act는 인도유럽어의 조어로 '움직이다, (가축을) 몰다'라는 의미의 ag에서 유래하였다.

react

re (다시) + act (행동하다)
➡ 상대의 행동에 반응하다

[riǽkt]
동 반응하다
reaction 명 반응

How did you react to his comments?
당신은 그의 발언에 어떻게 반응했나요?

---

exact

ex (밖에) + act (행동하다)
➡ 남은 것을 밖으로 내보내다

[igzǽkt]
형 정확한, 딱 맞는
exactly 부 정확히, 틀림없이

What's the exact meaning of this word?
이 단어의 정확한 의미가 무엇입니까?

---

agent

ag (행동하다) + ent (사람)
➡ 행동하는 사람

[éidʒənt]
명 대리점, 대리인, 첩보원
agency 명 대리점, 기관

She used to be an FBI agent.
그녀는 한때 FBI 요원이었다.

---

agenda

ag (행동하다) + enda (하는 것)
➡ 행동해야 하는 것

[ədʒéndə]
명 안건, 과제, 문제

What's today's agenda?
오늘의 안건은 무엇인가요?

2-3 plan(t), plat, flat = 평평한

transplant

동 [trǽnsplǽnt] 명 [trǽnsplǽnt]

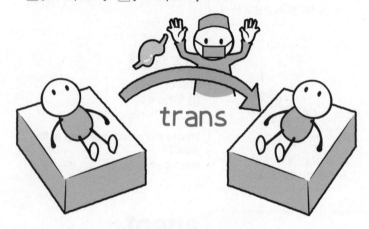

trans

trans (가로질러) + **plant** (심다)
➡ 신체 장기를 사람에서 사람으로 옮기다

동 이식하다, 옮겨 심다 명 이식 수술

Her kidney was transplanted into her son.
그녀의 신장은 아들에게 이식되었다.

A liver transplant was the best option.
간 이식 수술은 최선의 선택이었다.

어원 메모

'장소'를 뜻하는 place는 원래 '평평하고 넓다'라는 의미에서 왔다. 스페인어를 거쳐 영어에 들어온 plaza는 '넓다'는 의미가 남아 '광장'을 뜻하게 되었다. '식물(을 심다)'를 뜻하는 plant는 평평한 발바닥으로 식물을 심은 것에서 유래한다. 평평한 '접시'는 plate, 납작한 물고기인 '넙치'는 plaice, '평면'이나 '비행기'는 plane, 평면도를 설계한다는 뜻에서 '계획(하다)'는 plan이다. pla의 p가 f로 변한 flat은 '평평한', flan은 납작한 '푸딩'을 뜻한다.

➡ 평평한 대지
➡ 꾸밈없는 ➡ 분명한

plain

[pléin]

형 분명한, 솔직한, 검소한

명 평원

I'll make it plain.

내가 분명히 말할게.

ex (밖에) + plain (분명한)
➡ 기분을 표현하다

explain

[ikspléin]

동 설명하다

explanation 명 설명

Will you explain it in detail?

자세히 설명해 주실래요?

flat (평평한) + er (반복)
➡ 반복해서 허리를 낮추다

flatter

[flǽtər]

동 아첨하다, 치켜세우다

flattery 명 아첨

flat 형 평평한, 단조로운 부 평평하게, 딱 맞게

You don't have to flatter your boss.

당신은 상사에게 아첨할 필요는 없어요.

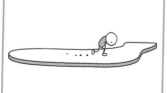

➡ 평평해진 고원

plateau

[plætóu]

명 고원, (경기) 정체

Inflation rates have reached a plateau.

물가 상승률이 정체기에 접어들었다.

2-4 (o)und = 파도치다

sur**round**

[səráund]

sur (위에) + **(o)und** (파도치다)

➡ 넘쳐흐르다

동 둘러싸다

관련어휘 ➡ **surroundings** 명 환경

The village is surrounded by a forest.
이 마을은 숲에 둘러싸여 있다.

It's situated in comfortable surroundings.
그곳은 편안한 환경에 위치한다.

어원 메모

'파도가 치다'를 뜻하는 und는, 인도유럽어의 조어에서 '물', '축축한' 것을 뜻하는 wed가
어원으로, water(물), wet(젖은), wash(씻다), whiskey(위스키), winter(겨울)도 같은 어
원이다. otter(수달)나 vodka(보드카)도 어원이 같다.

58

abundant

[əbʌ́ndənt]

형 풍부한, 아주 많은
abound 동 풍부하다, 아주 많이 있다

The river is abundant in fish.
그 강에는 물고기가 아주 많다.

ab (~에서 떨어져) + und (파도치다) + ant (형·접)
➡ **파도에서 흘러넘치는**

---

redundant

[ridʌ́ndənt]

형 과다한, 불필요한
redundancy 명 여분, 불필요, 중복

Half the workforce is redundant.
직원의 절반은 불필요하다.

re (다시) + und (파도치다) + ant (형·접)
➡ **반복해서 파도가 치는**

---

undulate

[ʌ́ndʒulèit]

동 물결치다, 파도치다
undulation 명 파도 모양, 기복

The hills are undulating.
언덕이 출렁이고 있다.

und (파도치다) + late (동·접)
➡ **파도가 움직이다**

---

inundate

[ínʌndèit]

동 밀려들다, 침수시키다
inundation 명 범람, 침수, 쇄도

The flood inundated the whole village.
그 홍수는 온 마을을 침수시켰다.

in (안에) + und (파도치다) + ate (동·접)
➡ **안에 흘러넘치다**

Chapter

ad-, a-

(~ 쪽으로, ~에)

ad-, a-
(~ 쪽으로, ~에)

접두사 **ad**는 '~ 쪽으로'라는 뜻의 라틴어에서 유래한 말로, 전치사 **to**에 해당한다.
또한 '~을 향하여'라는 뜻으로부터 '~에, ~에게'와 같이 대상을 나타내는 의미도 있다.
이때의 의미는 전치사 **at**에 해당한다. **ad** 뒤에 오는 글자에 따라 **ap, as, at, ar, al**
등으로 변화하며, 간단하게 **a**로 변화하기도 한다.

adverb
[ǽdvə:rb]

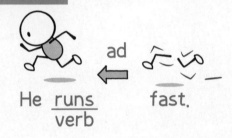

He <u>runs</u>   fast.
   verb

ad (~ 쪽으로) + **verb** (동사)
➡ 동사 쪽으로
명 부사

어원 메모

라틴어 verb는 '말'이라는 뜻으로, verbal은 '말의', '구두의', nonverbal은 '말로 하지
않는'이라는 뜻이다. verb는 그 자체로 '동사'라는 의미로 쓰인다.

amaze
[əméiz]

어원 메모

'놀라게 하다'라는 뜻의 동사는 여러 개인
데, amaze는 놀라는 정도가 astonish와
거의 비슷하고, surprise보다는 강하며,
astound보다는 약하다.

a (~ 쪽으로) + **maze** (미로) ➡ 미로를 향해서 ➡ 미로에서 헤매다
동 놀라게 하다   **amazing** 형 놀랄 만한, 대단한   **amazement** 명 놀라움, 경악

ad-lib
[æd líb]

ad (~ 쪽으로) + **libitum** (기쁨)
➡ 자신이 기쁜 쪽으로 ➡ 자기 좋을 대로
형 즉흥의 부 즉흥적으로
동 즉흥적으로 하다

adorn
[ədɔ́ːrn]

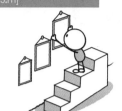

ad (~ 쪽으로) + **orn** (= **order** 순서, 질서)
➡ 순서대로 하다
동 꾸미다, 장식하다

adore
[ədɔ́ːr]

ad (~ 쪽으로) + **ore** (말하다)
➡ 신을 향해 말하다
동 숭배하다, 아주 좋아하다
adorable 형 사랑스러운

assure
[əʃúər]

as(ad)

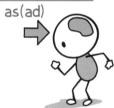

a(s) (~ 쪽으로) + **sure** (확실한)
➡ 확실한 쪽으로
동 보장하다, 확언하다

attempt
[ətémpt]

at(ad)

a(t) (~ 쪽으로) + **tempt** (유혹하다)
➡ 유혹하는 쪽으로
동 시도하다 명 시도

arrange
[əréindʒ]

a(r) (~ 쪽으로) + **range** (종류, 범위)
➡ 종류별로 늘어놓다
동 정리하다, 조정하다
arrangement 명 정리, 조정

3-1 bri, brev, brac = 짧은

abridge

[əbrídʒ]

a (~ 쪽으로) + **bridge** (짧은)

➡ 짧은 쪽으로 하다

동 **단축하다, 요약하다**

관련어휘 ➡ **abridged** 형 요약된

Abridge the content to within 100 words.
100 단어 이내로 내용을 요약하시오.

This abridged edition was published in 2000.
이 요약본은 2000년도에 발행되었다.

어원 메모

'팔찌'를 뜻하는 bracelet의 brace는 두 팔을 벌렸을 때의 길이를 뜻하는 말로, '짧은' 것을 의미한다. 짧은 남성용 팬티를 briefs라고 하는데, 복수형으로 쓰는 것에 주의한다. 서류 가방을 뜻하는 briefcase는 '간편한 상자'가 원래 의미이다.

brief

[bríːf]

형 짧은, 간결한　명 요약, 남성용 팬티(-s)

동 간단히 알리다

briefing 명 상황 설명(회), 브리핑

Keep your explanation as brief as possible.

설명은 가능한 한 간결하게 해 주세요.

➡ 짧은

abbreviate

[əbríːvièit]

동 줄여 쓰다, 축약하다

abbreviation 명 단축, 축약(형)

"Kilometer" is usually abbreviated to "km."

'kilometer'는 보통 'km'로 줄여 쓴다.

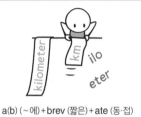

a(b) (~에) + brev (짧은) + ate (동·접)
➡ ~을 짧게 만들다

brevity

[brévəti]

명 간결함

Brevity is the soul of wit.

간결함은 지혜의 본질이다.

brev (짧은) + ity (명·접)
➡ 짧은 것

embrace

[imbréis]

동 포옹하다, 받아들이다

명 포옹

He embraced her tightly.

그는 그녀를 꽉 껴안았다.

em (안에) + brace (짧은 팔)
➡ 팔 안에 넣다

3-2 cas, cid = 떨어지다

accident

[æksədənt]

ac(ad)

a(c) (~ 쪽으로) + **cid** (떨어지다) + **ent** (명·접)
➡ 떨어진 물건
명 사고, 우연

관련어휘 ➡ accidental 형 우연한
accidentally 부 잘못하여, 우연히

I had an accident on the way.
나는 가는 길에 사고를 당했다.

I accidentally dropped my camera.
나는 잘못해서 카메라를 떨어트렸다.

어원 메모

인도유럽어의 조어 kad에서 유래한 말로, '떨어지다', '내리다'라는 뜻을 지닌다. chance (기회), case(상자, 경우, 사건), occasion(경우, 기회, 사건), casualty(사상자, 피해자), cascade(작은 폭포) 등의 단어가 있다.

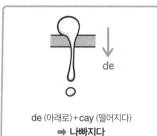

de (아래로) + cay (떨어지다)
➡ 나빠지다

decay

[dikéi]

동 부패하다, 썩다
명 부패

Meat decays quickly in warm weather.
육류는 따뜻한 날씨에 빠르게 부패한다.

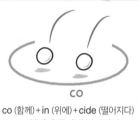

co (함께) + in (위에) + cide (떨어지다)
➡ 위에서 동시에 떨어지다

coincide

[kòuinsáid]

동 동시에 일어나다, 일치하다
coincidence 명 (우연의) 일치, 동시 발생

My vacation coincided with his.
내 휴가는 그의 휴가와 시기가 일치했다.

in (위에) + cid (떨어지다) + ent (명·접)
➡ 위에서 떨어지는 것

incident

[ínsədənt]

명 일, 사건, 분쟁
incidental 형 부수적으로 일어나는
incidentally 부 부수적으로, 그런데

The incident occurred at noon.
그 사건은 정오에 발생했다.

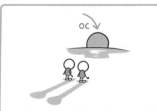

o(c) (향하여) + cid (떨어지다) + ent (명·접)
➡ 해가 떨어지는 방향

Occident

[áksədənt]

명 서양
Occidental 형 서양의

He traveled all over the Occident.
그는 서양 전역을 여행했다.

3-3   equ = 같은, 평평한

adequate

[ǽdikwət]

ad

ad (~ 쪽으로) + **equ** (같은) + **ate** (형·접)

➡ 같은 쪽으로 하는

형 충분한, 적절한

관련어휘 ➡ **adequately** 부 충분히, 적절히

This meal is adequate for five.
이 식사는 5인분으로 적절하다.

I'm not adequately prepared for the test.
나는 시험 준비가 충분히 되어 있지 않다.

어원 메모

남미 중부에 위치한 적도 바로 아래에 있는 나라 에콰도르(Ecuador)는 스페인어로 '적도'라는 뜻인데, 영어로 '적도' equator는 「같게(equ) + 하는(ate) + 것(or)」이 어원으로 '지구의 남북을 똑같이 나눈 것'이라는 뜻에서 유래한다.

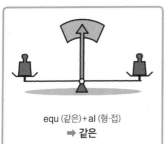

equ (같은) + al (형·접)
➡ 같은

equal

[íːkwəl]

형 동등한, 평등한, 감당할 수 있는
명 동등한 사람
동 맞먹다
equality 명 평등, 동등

She is equal to the task.
그녀는 그 과제를 감당할 수 있다.

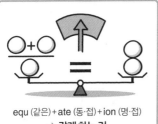

equ (같은) + ate (동·접) + ion (명·접)
➡ 같게 하는 것

equation

[ikwéiʒən]

명 방정식, 균등화

Solve the following equation.
다음 방정식을 푸시오.

equi (같은) + nox (밤)
➡ 낮과 밤의 길이가 같음

equinox

[íːkwənàks]

명 주야 평분시(춘분 또는 추분)

The spring equinox falls on March 20th this year.
올해 춘분은 3월 20일이다.

equi (같은) + val (가치) + ent (형·접)
➡ 같은 가치를 가진

equivalent

[ikwívələnt]

형 동등한, 상당하는
명 동등한 것

One dollar is equivalent to about 1,100 won.
1달러는 약 1,100원에 상당한다.

3-4   pan = 빵, pa = 먹을 것을 주다

accompany

[əkʌ́mpəni]

a(c) (~ 쪽으로) + company (동료)

➡ 동료로서 함께 가다

동 **동행하다, 동반하다**

관련어휘 ➡ **accompaniment** 명 (악기) 반주, 동반되는 것

I'll accompany you.
제가 당신과 함께 가겠습니다.

White wine makes a good accompaniment to fish.
화이트 와인은 생선에 잘 어울린다.

어원 메모

'빵'은 포르투갈어의 páo에서 유래한 말이지만, 원래는 인도유럽어 조어에서 '먹을 것을 주다'라는 의미의 pa가 라틴어에서 pan이 되어 포르투갈어로 들어온 것이다. 영어에서 p는 f로 소리가 바뀌어 food(음식)나 feed(음식을 주다), foster(양육하다, 육성하다) 등의 단어를 만들어 냈다.

companion

[kəmpǽnjən]

명 동반자, 친구, 동료

company **명** 회사, 동료, 함께 있는 사람들

This cat is my closest companion.

이 고양이는 나의 가장 친한 친구예요.

com (함께) + pan (빵) + ion (명·접)
➡ 함께 빵을 먹는 사람

pastoral

[pǽstərəl]

형 목회자의, 목가적인, 전원 생활의

pastor **명** 목사

I prefer a pastoral life to a city life.

나는 도시 생활보다 시골 생활이 더 좋아요.

pa (먹을 것을 주다) + stor (사람) + al (형·접)
➡ 빵을 주는 사람의

pantry

[pǽntri]

명 식료품실

I have plenty of things to eat in the pantry.

나는 식료품실에 충분한 먹을 것이 있다.

pan (빵) + try (장소)
➡ 빵이 있는 장소

pasture

[pǽstʃər]

명 목초(지)

There are many sheep in the pasture.

목초지에 많은 양들이 있다.

➡ 소가 풀을 먹는 것

3-5 firm, farm= 단단한, 확실한

affirm

[əfə́:rm]

a(f) (~ 쪽으로) + **firm** (단단한)

➡ 확실하게 하다

동 단언하다, 확언하다

관련어휘 ➡ **affirmative** 형 긍정적인 명 긍정, 단정

I affirm he is innocent.
나는 그가 결백하다고 단언합니다.

His answer was in the affirmative.
그의 대답은 긍정적이었다.

어원 메모

'농장'을 뜻하는 farm은 소작인이 농장주에게 '확실히 지불해야 하는 사용료'라는 뜻에서 유래했다. 또 farm에는 '양식장'이나 '사육장'이라는 의미도 있는데, 야구 용어로 '2군'을 뜻하는 farm도 '선수를 육성하는 장소'라는 뜻에서 온 말이다.

⇒ 단단한

firm

[fə́:rm]

명 회사, 사무소

형 단단한, 단호한

She works for a law firm in London.

그녀는 런던의 한 법률 사무소에서 근무한다.

con (완전히) + firm (단단한)

⇒ 굳히다

confirm

[kənfə́:rm]

동 확인하다, (결심 등을) 굳게 하다

confirmation 명 확인

You don't have to confirm your flight.

당신의 항공편을 확정할 필요는 없습니다.

re (다시) + confirm (확인하다)

⇒ 재확인하다

reconfirm

[rì:kənfə́:rm]

동 재확인하다

reconfirmation 명 재확인

I'd like to reconfirm my reservation.

저의 예약을 재확인하고 싶습니다.

in (아닌) + firm (단단한) + ary (장소)

⇒ 병약한 사람들이 있는 장소

infirmary

[infə́:rməri]

명 병원, 진료소, 양호실

He was taken to the infirmary.

그는 양호실로 옮겨졌다.

3-6 grav(e) = 무거운

aggravate

[ǽgrəvèit]

a(g) (~ 쪽으로) + **grave** (무거운) + **ate** (동·접)

➡ 무겁게 만들다

동 **악화시키다, 짜증나게 하다**

관련어휘 ➡ **aggravating** 형 짜증나게 하는

The noise aggravated my headache.
그 소음은 내 두통을 악화시켰다.

What an aggravating fellow!
정말 짜증나는 녀석이야!

어원 메모

'중대한'이라는 의미의 grave와 어원은 다르지만, 같은 철자의 단어로 '무덤'을 뜻하는 grave가 있다. 이 grave는 '조각하다', '파다'라는 어원에서 온 말로 '(돌, 금속, 나무 등에) 새기다'는 engrave, '묘지'는 graveyard, '도랑'은 groove, (장수풍뎅이 등의) '유충'이나 '애벌레'는 grub으로 모두 같은 어원이다.

➡ 무거운

grave
[gréiv]

형 중대한, 심각한, 엄숙한

The patient is in grave danger.

그 환자는 심각한 위험에 처해 있다.

➡ 마음이 무거운 것

grief
[gríːf]

명 슬픔

grieve 동 깊이 슬퍼하다
grievous 형 비통한, 중대한

He tried to conceal his grief.

그는 슬픔을 감추려고 노력했다.

grave (무거운) + ity (명·접)
➡ 무거운 것

gravity
[grǽvəti]

명 중력, 지구 인력

Mars' gravity is about 38% of Earth's.

화성의 중력은 지구의 약 38%이다.

grave (무거운) + ate (동·접) + ion (명·접)
➡ 무겁게 만드는 것

gravitation
[græ̀vətéiʃən]

명 만유인력, 중력, 끌어당김

I don't understand Newton's law of gravitation.

나는 뉴턴의 만유인력의 법칙을 이해할 수 없다.

3-7　prox, proach = 가까운

approximate

형 [əpráksəmət]　동 [əpráksəmèit]

a(p) (~ 쪽으로) + **proxim** (가까운) + **ate** (형·접)

➡ 가까운 쪽으로 하는

형 대략의, 근사치의　동 ~에 가까워지다

관련어휘 ➡ **approximately** 부 대략, 약

What is the approximate length of the Panama Canal?
파나마 운하의 대략적인 길이는 얼마입니까?

The tour took approximately 5 hours.
그 투어는 약 5시간이 걸렸다.

어원 메모

approximate는 '가장 가까운'이라는 뜻의 라틴어 proximus에서 유래한 말로, 마찬가지로 '대략, 약'을 뜻하는 전치사 about보다 확실한 말이다. 예를 들면, approximately 3.14에서처럼 특히 소수점 이하에도 숫자가 있는 경우 approximately를 사용한다.

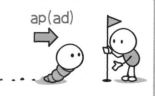

approach
[əpróutʃ]

동 ~에 접근하다
명 접근, 처리 방법

The typhoon is approaching Japan.
태풍이 일본에 접근하고 있다.

a(p) (~ 쪽으로) + proach (가까운)
➡ **가까워지다**

reproach
[ripróutʃ]

동 책망하다, 비난하다
명 비난, 질책

Do not reproach yourself.
스스로를 비난하지 마세요.

re (뒤로 → 반대로) + proach (가까워지다)
➡ **가까워지지 않다**

proximity
[praksíməti]

명 가까움, 근접
proximate 형 가장 가까운, 직접적인

It is in close proximity to the airport.
그것은 공항 바로 근처에 있다.

proxim (가까운) + ity (명·접)
➡ **가까운 것**

proxy
[práksi]

명 대리(인), 위임장

We can vote by proxy.
우리는 대리인으로 투표할 수 있다.

prox (가까운) + y (명·접)
➡ **가까이에 있는 사람[물건]**

3-8   prove, prob(e) = 시험하다, 증명하다

approve

[əprúːv]

ap(ad)

a(p) (~에) + **prove** (증명하다)

➡ 좋음을 증명하다

동 **찬성하다, 승인하다**

관련어휘 ➡ **approval** 명 찬성, 인정, 승인

My parents approved of my marriage.
부모님은 내 결혼에 찬성했다.

The project was given official approval.
그 프로젝트는 공식적인 승인을 받았다.

어원 메모

prove(증명하다)의 명사형 proof(증명)는 접미사처럼 쓰여 다양한 단어를 만들어 낸다. 예를 들어, waterproof는 '물에 대한 증명'이라는 뜻에서 '방수가 되는', fireproof는 '방화성이 있는', heatproof는 '내열성이 있는', soundproof는 '방음이 되는', bulletproof는 '방탄이 되는'이라는 의미이다.

prove

[prúːv]

동 증명하다, ~로 드러나다[판명되다]

proof 명 증명, 증거

The project proved to be a success.

그 프로젝트는 성공인 것으로 판명되었다.

➡ 증명하다

---

probe

[próub]

동 조사하다, 탐사하다

명 (철저한) 조사, 무인 탐사선

Space probes broke down on the way.

우주 무인 탐사선이 도중에 고장 났다.

➡ 시험하여 조사하다

---

probable

[prábəbl]

형 있을 것 같은, 거의 확실한

probability 명 개연성, 확률

probably 부 아마도

Heavy snow in Moscow is highly probable.

모스크바에 폭설이 내릴 확률이 아주 높습니다.

probe (증명하다) + able (할 수 있는)

➡ 증명할 수 있는

---

reprove

[riprúːv]

동 꾸짖다, 비난하다

reproof 명 질책, 비난

The teacher reproved me for being late.

선생님은 지각한 것에 대해 나를 꾸짖었다.

re (뒤로 → 반대로) + prove (증명하다)

➡ 증명하지 않다

Chapter

4

pre-, pro-
(앞에)

pre-, pro-
(앞에)

pre는 장소 뿐만 아니라 시간적으로 '앞에' 있는 것을 뜻하는 라틴어 **prae**에서 유래한다. **pro**는 '(어떤 장소의) 앞에' 또는 '~ 대신에'를 뜻하는 라틴어에서 유래하는데, 인도유럽어의 조어에서 '먼저'를 뜻하는 **per**로 거슬러 올라간다.

preschool
[príːskuːl]

pre (앞에) + **school** (학교)
➡ 학교에 가기 전
명 어린이집, 유치원 형 미취학의

어원 메모

school은 그리스어로 '쉬는 시간'이 원래 의미로, 그리스 시대에 쉬는 시간을 이용해서 공부하던 것에서 유래했다. a school of fish는 '생선 학교'가 아니라 '생선의 무리'라는 뜻으로, 이때 school은 철자는 같지만 다른 어원이다.

provide
[prəváid]

어원 메모

자동차에서 햇빛을 가릴 때 쓰는 '선바이저(sun visor)'는 '(태양을) 보는 것'에서 유래한 말로, '보다'라는 뜻의 어근 vise가 쓰였다. 마찬가지로 vide에도 '보다'라는 의미가 있는데, '영상'을 뜻하는 video가 같은 어원이다.

pro (앞에) + **vide** (보다) ➡ 미리 보다
동 공급하다, 마련하다 **provision** 명 공급, 제공

prophecy
[práfəsi]

pro (앞에) + **phe** (말하다) + **cy** (명·접)
➡ 미리 말하는 것
명 예언
prophet 명 예언자
prophesy 동 예언하다

proverb
[právə:rb]

pro (앞에) + **verb** (말)
➡ 모두의 앞에서 사용되는 말
명 속담

protein
[próuti:n]

proto (앞에 있는) + **in(e)** (화학 물질)
➡ 최초의 물질
명 단백질

prehistory
[pri:hístəri]

pre (앞에) + **history** (역사)
➡ 역사가 시작하기 전
명 선사 시대

prewar
[pri:wɔ:r]

pre (앞에) + **war** (전쟁)
➡ 전쟁 전
형 전쟁 전의

prepaid
[pri:péid]

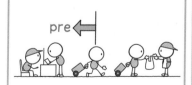

pre (앞에) + **paid** (지불된)
➡ 미리 지불된
형 선불된

4-1　mount, min(t) = 튀어나오다, 산, 오르다

prominent
[prámənənt]

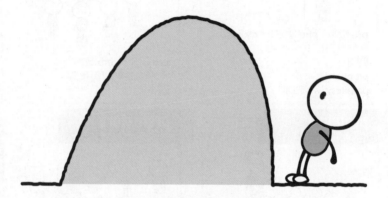

pro (앞에) + **min** (튀어나오다) + **ent** (형·접)

➡ 앞에 튀어나온

형 **중요한, 두드러진, 눈에 띄는**

관련어휘 ➡ **prominence** 명 중요성, 유명함, 명성

He is known as a prominent psychologist.
그는 유명한 심리학자로 알려져 있다.

The novelist came to prominence last year.
그 소설가는 작년에 유명해졌다.

어원 메모

대지에서 튀어나온 '산'은 mountain, 몸에서 튀어나온 부분은 '입(mouth)'이다. 이 말들은 인도유럽어 조어에서 '튀어나오다'라는 의미를 가진 men으로 거슬러 올라간다. '에베레스트산'은 보통 Mt. Everest로 표현하지만, 정확히는 Mount Everest이다. 유럽 알프스 산맥의 최고봉이자, 케이크 이름으로 알려진 몽블랑(Mont Blanc)은 '하얀 산'이다. 동사일 때 mount는 '(말이나 자전거에) 올라타다'라는 의미가 된다.

amount

a (~쪽으로) + mount (산)
➡ 산 정상에

[əmáunt]
동 (~에) 달하다
명 양, 총액

The bill amounted to one million won.
계산서는 100만 원에 달했다.

dismount

dis (아닌) + mount (오르다)
➡ 올라가지 않다

[dismáunt]
동 내려오다

He dismounted from the horse.
그는 말에서 내려왔다.

eminent

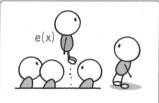

e (밖에) + min (튀어나오다) + ent (형·접)
➡ 다른 사람들보다 튀어나온

[émənənt]
형 저명한, 탁월한
eminence 명 명성

She is an eminent scientist.
그녀는 저명한 과학자이다.

imminent

im (위에) + min (튀어나오다) + ent (형·접)
➡ 위에서 튀어나온

[ímənənt]
형 임박한, (원치 않는 일이) 일어날 것 같은
imminence 명 임박, 급박한 위험

The hurricane is imminent.
허리케인이 금방이라도 발생할 것 같다.

4-2   sume, em(pt) = 사다, 잡다

presume

[prizúːm]

pre (앞에) + **sume** (잡다)

➡ 먼저 잡다

동 추정하다, 가정하다, 간주하다

관련어휘 ➡ **presumption** 명 추정
presumptuous 형 주제넘은, 뻔뻔한

The suspect was presumed dead.

용의자는 죽은 것으로 추정되었다.

It's presumptuous of him to ask me.

그가 나에게 부탁하는 것은 뻔뻔하다.

어원 메모

'샘플'을 뜻하는 sample, '예'를 뜻하는 example은 둘 다 '밖에 꺼낸 것'이라는 뜻이다. '이력서'나 '개요'를 뜻하는 resume는 「다시(re) + 잡는다(sume)」는 뜻으로, 중요한 내용을 여러 번 다룬 것을 말한다. 프리미엄(premium)의 어원은 「먼저(pre) + 산(em) + 물건(ium)」으로 '보험료'가 기본 의미이고, 나중에 '할증 요금'이나 구매를 유도하는 '경품' 등의 의미를 지니게 되었다. 또한 '고급스러운'이라는 의미도 있는데, 우리말에서 '프리미엄이 붙는다'라고 말할 때의 '부가 가치'라는 의미는 없다.

assume

a(s) (~쪽으로) + sume (잡다)
➡ 자기 쪽으로 잡다

[əsúːm]
동 떠맡다, ~라고 생각하다, 가정하다
assumption 명 추정, 인수

We assumed the worst.
우리는 최악의 상황을 가정했다.

---

consume

con (완전히) + sume (잡다)
➡ 완전히 잡다

[kənsúːm]
동 소비하다, 마시다, 먹다
consumption 명 소비
consumer 명 소비자

This heater consumes a lot of electricity.
이 난방기는 많은 전기를 소비한다.

---

resume

re (다시) + sume (잡다)
➡ 다시 잡다

[rizúːm]
동 재개하다, 되돌아가다
resumption 명 재개

Let's resume the meeting after a break.
휴식 후에 회의를 재개합시다.

---

exempt

ex (밖에) + empt (잡다)
➡ 떼어내다

[igzémpt]
형 (의무 및 지불을) 면제받은
동 면제하다
exemption 명 면제

Insurance companies are exempt from value added tax.
보험사는 부가 가치세를 면제받는다.

4-3 claim = 외치다

pro**claim**
[proukléim]

pro (앞에) + **claim** (외치다)

➡ 청중 앞에서 외치다

동 선언하다, 분명히 나타내다

관련어휘 ➡ **proclamation** 명 선언, 공식 발표

He proclaimed that he will run for mayor.
그는 시장 선거에 출마할 것을 선언했다.

The president made an emergency proclamation.
대통령은 비상사태 선포를 했다.

어원 메모

영어의 claim은 라틴어에서 '외치다'를 의미하는 clamare에서 유래하여, '주장하다', '요구하다'라는 뜻을 지니며, claimer는 '권리를 주장하는 사람'을 말한다. 라틴어 clamare는 인도유럽어의 조어 kele로 거슬러 올라가는데, 외쳐서 분명하게 한다는 뜻에서 clear(분명한, 제거하다), clarify(분명히 하다), clarity(명료성) 등의 단어를 만들어 냈다.

clamor

[klǽmər]

명 소란, (시끄러운) 소리
동 큰소리로 말하다, 외치다

He ignored the clamor against heavy taxes.

그는 과중한 세금에 반대하는 소리를 무시했다.

clam (외치다) + or (명·접)
➡ 외치는 것

exclaim

[ikskléim]

동 외치다, 소리치다
exclamation **명** 외침, 감탄사

"Oh, my God!" exclaimed the pilot.

"세상에!"라고 조종사가 소리쳤다.

ex (밖에) + claim (외치다)
➡ 밖을 향해 외치다

acclaim

[əkléim]

동 환호를 보내다, 칭송하다
명 환호, 찬사
acclamation **명** 갈채, 환호

She was acclaimed as an MVP.

그녀는 MVP로서 환호를 받았다.

a(c) (~쪽으로) + claim (외치다)
➡ 사람을 향해 외치다

reclaim

[rikléim]

동 반환을 요구하다, 되찾다, 매립하다
reclamation **명** 매립, 반환 요구

He reclaimed the championship title he lost in 2010.

그는 2010년에 잃었던 우승 타이틀을 되찾았다.

re (다시) + claim (외치다)
➡ 돌려 달라고 외치다

4-4　dome = 집, 주인

predominate
[pridámənèit]

pre (앞에) + **dom** (주인) + **ate** (동·접)
➡ 주인으로서 앞에 나오다

동 지배하다, 우위를 점하다, 압도적으로 많다

관련어휘 ➡ **predominant** 형 두드러진, 지배적인
predominance 명 우위

Palm trees predominate along the coast.
해안가에 야자수가 압도적으로 많다.

Blood type O is predominant in this country.
이 나라에는 O형 혈액형이 두드러진다.

어원 메모

이탈리아어로 '교회당'은 '두오모(Duomo)'인데, 이는 라틴어로 '신의 집'을 뜻한다. '마돈나(Madonna)' 역시 이탈리아어로 '나의(ma) 귀부인(donna)'이라는 뜻이다. 영어에서 여성에 대한 정중한 호칭은 madam이나 dame이다. '도미노(domino)'는 교회 신부가 입던 망토의 모자와 모양이 비슷한 것에서 유래했다. 인터넷 주소는 '도메인(domain)', 둥근 지붕을 가진 커다란 집 모양의 구장은 '돔(dome) 구장'이다.

domestic

[dəméstik]

형 가정의, 국내의

She's a flight attendant for a domestic airline.

그녀는 국내선 승무원입니다.

dome (집) + tic (형·접)
➡ 집의

---

domesticate

[dəméstikèit]

동 길들이다

Wolves are very difficult to domesticate.

늑대는 길들이기 매우 어렵다.

domestic (가정의) + ate (동·접)
➡ 집 안에 넣다

---

dominate

[dámənèit]

동 지배하다, 우위를 점하다

dominant 형 지배적인

domination 명 지배

Our team dominated throughout the game.

우리 팀이 경기 내내 우세했다.

dom (주인) + ate (동·접)
➡ 주인으로서 지배하다

---

condominium

[kàndəmíniəm]

명 콘도미니엄(객실 단위로 분양하는 호텔 형태)

I live in a condominium.

저는 콘도미니엄에 살고 있습니다.

con (함께) + dom (집) + ium (장소)
➡ 집이 함께 있는 곳

4-5   scribe, script = 쓰다

prescribe

[priskráib]

pre (앞에) + **scribe** (쓰다)

➡ 의사가 미리 쓰다

동 처방하다, 규정하다

관련어휘 ➡ **prescription** 명 처방전, 처방약, 규정

The doctor prescribed my medicine.
의사는 내 약을 처방했다.

The doctor gave me a prescription.
의사는 내게 처방전을 주었다.

어원 메모

편지의 끝에 덧붙이는 '추신'은 영어로는 P.S.인데, 이것은 postscript 「나중에(post) + 써진 것(script)」을 줄인 것이다. 영화, 드라마, 방송 등의 '대본'은 '스크립트(script)'인데 라틴어로 '써진 것'이라는 의미로, manuscript는 「손(manu)으로 + 써진 것(script)」에서 '원고'를 의미하며, Scripture는 '성경'을 의미한다. scribble은 「scrib(쓰다) + ble(반복)」에서 '휘갈겨 쓰다'라는 의미다.

describe

de (아래에) + scribe (쓰다)
➡ 적어 두다

[diskráib]
동 (특징을) 묘사하다, 설명하다
description 명 묘사, 설명

Will you describe the girl you saw?
당신이 본 소녀를 묘사해 주시겠어요?

---

ascribe

a (~쪽으로) + scribe (쓰다)
➡ ~을 향하여 적다

[əskráib]
동 ~의 탓으로 돌리다, ~의 것으로 여기다
ascription 명 탓함, 귀속

He ascribed his failure to bad luck.
그는 자신의 실패를 불운 탓으로 돌렸다.

---

subscribe

sub (아래에) + scribe (쓰다)
➡ 서류 밑에 이름을 쓰다

[səbskráib]
동 정기 구독하다, 기부하다, 서명하다
subscription 명 정기 구독, 기부(금)

I subscribe to an English newspaper.
저는 영어 신문을 정기 구독합니다.

---

conscript

con (함께) + script (쓰다)
➡ 함께 등록부에 이름을 쓰다

[kənskrípt]
동 징병하다, 채용하다
conscription 명 징병제

He was conscripted into the army last year.
그는 작년에 육군에 징집되었다.

4-6　　sui, sue = 이어지다, 따라가다

pur**sue**

[pərsúː]

pur (= **pro** 앞에) + **sue** (따라가다)

➡ 앞을 따라가다

동 **추구하다, 쫓다**

관련어휘 ➡ **pursuit** 명 추구, 추적

She pursued her dream of becoming a doctor.
그녀는 의사가 되는 꿈을 추구했다.

He's in pursuit of his dream to be an actor.
그는 배우가 되는 꿈을 쫓는 중이다.

어원 메모

'수트(suit)'는 상의와 바지(또는 스커트) 한 벌을 뜻하는데, 라틴어로 '이어진다'는 의미를 가진 sequi(46쪽 참조)에서 유래한다. 호텔의 '스위트룸(suite room)'은 '달콤한(sweet) 방'이 아니라 '하나로 이어진 방'을 뜻한다.

sue

[súː]

동 고소하다, 소송을 제기하다

I'll sue you.
당신을 고소하겠어요.

➡ 법원에서 행동이 이어지다

ensue

[insúː]

동 (결과로서) 일어나다, 발생하다

The train was derailed, and panic ensued.
열차는 탈선했고, 그 결과 패닉이 발생했다.

en (안에) + sue (이어지다)
➡ 이어져서 일어나다

suitable

[súːtəbl]

형 적합한, 알맞은

suit 명 의복, 소송 동 적합하다, 어울리다

This textbook is suitable for beginners.
이 교재는 초보자에게 적합하다.

suit (이어지다) + able (할 수 있는)
➡ 계속할 수 있는

suite

[swíːt]

명 스위트룸, 묶음, 수행원

I want to stay in a suite on the top floor.
저는 꼭대기층의 스위트룸에 묵고 싶어요.

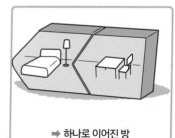

➡ 하나로 이어진 방

4-7   fund, found = 기초, 바닥

profound
[prəfáund]

pro (앞에) + **found** (바닥)

➡ 바닥 이전에 ➡ 깊은

형 깊은, 중대한, 심오한

관련어휘 ➡ **profoundly** 부 깊이, 완전히

She gave a profound sigh.
그녀는 깊은 한숨을 쉬었다.

He was profoundly influenced by his father.
그는 아버지에게 깊이 영향을 받았다.

어원 메모

fund는 라틴어의 '기초', '바닥', '토지' 등을 나타내는 fundus에서 유래한다. 이는 프랑스어에서 '상인이 가진 상품의 재고나 자산'이라는 의미를 가지게 되며, '자금', '기금'을 뜻하는 fund로 영어에 들어왔다. 화장품의 한 종류인 '파운데이션(foundation)'은 foundation cream을 줄인 것으로 화장의 '기초가 되는 크림'이라는 의미다.

fund

→ 상인의 기초가 되는 것

[fʌnd]

명 자금, 기금, 재원

We are running short of funds.
우리는 자금이 부족해지고 있다.

---

foundation

found (기초) + ation (명·접)
→ **기초가 되는 것**

[faundéiʃən]

명 기초, 기반, 설립

found **동** 설립하다, 세우다

They celebrated the national foundation day.
그들은 개천절(건국 기념일)을 축하했다.

---

fundamental

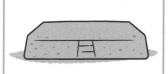

fund (기초) + ment (명·접) + al (형·접)
→ **기초가 되는**

[fʌndəméntl]

형 기본적인, 필수적인

명 기본, 원칙

Fundamental human rights should be respected.
기본적인 인권이 존중되어야 한다.

---

refundable

re (다시) + fund (자금) + able (할 수 있는)
→ **환불할 수 있는**

[riːfʌndəbl]

형 환불 가능한

refund **동** 환불하다 **명** 환불(금)

This ticket is not refundable.
이 티켓은 환불 가능하지 않습니다.

4-8   val, vail = 강한, 힘

pre**vail**

[privéil]

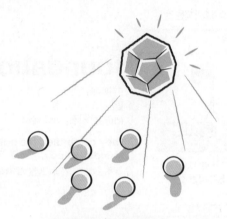

pre (앞에) + **vail** (힘)

➡ 힘을 내다

동 승리하다, 우세하다

관련어휘 ➡ **prevalent** 형 보급된, 널리 퍼져 있는
prevailing 형 일반적인, 지배적인

May peace prevail on Earth.
평화가 지구에서 승리하기를.

Theft is becoming prevalent in this area.
이 지역에서 절도가 흔해지고 있다.

어원 메모

오렌지로 유명한 스페인의 발렌시아(Valencia)는 '요새'라는 뜻인데, 라틴어로 '강한', '힘'을 뜻하는 어원 valentia에서 유래했다. 발렌시아는 스페인 요리 '파에야'의 발상지로 도 유명하다. 우리말에서 '이름이 지닌 가치'를 말할 때 '네임 밸류(name value)'라는 표현을 쓰는데, 이것은 잘못된 영어 표현이므로 주의하자. 참고로 face value는 '액면 가치'라는 뜻이다.

val (힘) + id (형·접)
➡ 힘 있는

valid

[vǽlid]

형 유효한, 타당한
invalid 형 무효한

These tickets are no longer valid.

이 티켓들은 더 이상 유효하지 않습니다.

value (가치) + able (할 수 있는)
➡ 가치를 발휘할 수 있는

valuable

[vǽljuəbl]

형 값비싼
명 (-s) 귀중품
invaluable 형 매우 귀중한
value 명 가치 동 평가하다

Can you keep my valuables?

귀중품을 보관해 주실 수 있습니까?

a (~쪽으로) + vail (힘) + able (할 수 있는)
➡ 힘을 발휘할 수 있는 쪽으로

available

[əvéiləbl]

형 이용할 수 있는, 구할 수 있는
avail 동 도움이 되다 명 효용

Tickets are available at the entrance.

티켓은 입구에서 구입할 수 있습니다.

e(x) (밖에) + value (가치) + ate (동·접)
➡ 가치를 밖으로 드러내다

evaluate

[ivǽljuèit]

동 평가하다
evaluation 명 평가

It's difficult to evaluate each student's ability.

각 학생의 능력을 평가하는 것은 어렵다.

4-9   cip = 잡다, 머리

precipitate
[prisípətèit]

pre (앞에) + **cip** (머리) + **ate** (동·접)

➡ 머리를 앞으로 내밀다

동 촉진하다, (갑자기) 떨어뜨리다

관련어휘 ➡ **precipitation** 명 강수량, 침전
precipitous 형 가파른, 황급한

Excessive drinking precipitated his liver disease.
과도한 음주는 그의 간 질환을 촉진했다.

No precipitation is expected today.
오늘은 강수가 예상되지 않습니다.

어원 메모

비 오는 날 머리부터 쓰는 cappa(두건이 달린 비옷), 여성이 머리부터 쓰는 외투 cape(케이프)는 포르투갈어 capa에서 유래한 말로, cape는 바다 쪽으로 뻗어 있는 육지 '곶'을 의미한다. cap은 라틴어로 '머리' 또는 '잡다'라는 의미인데, cap의 변화형 cip이 사용된 단어가 다수 있다.

principle

[prínsəpl]

명 원리, 원칙, 신념

I agree with your opinion in principle.

저는 원칙적으로 당신의 의견에 동의합니다.

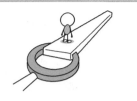

pri (최초) + cip (잡다) + le (명·접)

➡ 처음에 잡는 것

---

municipal

[mjuːnísəpl]

형 지방 자치의, 시정의

Municipal elections were held last week.

시의회 선거는 지난 주에 실시되었다.

mun (의무, 부담) + cip (잡다) + al (형·접)

➡ 시민으로서의 의무를 지닌

---

anticipate

[æntísəpèit]

동 예상하다, 기대하다

anticipation **명** 예상, 기대

I didn't anticipate this problem.

나는 이 문제를 예상하지 않았다.

anti (앞에) + cip (잡다) + ate (동·접)

➡ 미리 잡다

---

recipient

[risípiənt]

명 받는 사람, 수령인

I was chosen as the recipient of the prizes.

나는 그 상의 수상자로 선정되었다.

re (다시) + cip (잡다) + ent (사람)

➡ 받는 사람

Chapter

5

e(x)-, extr(a)-

(밖에, 넘어서)

e(x)-, extr(a)-
(밖에, 넘어서)

ex나 **extra**는 '~에서 밖으로'가 기본 뜻으로, 어느 장소로부터 없어진 상태이므로 '완전히'라는 의미가 있으며, 또한 **his ex-wife**(그의 전 아내)와 같이 '이전의'라는 의미도 있다. **ex** 다음에 오는 글자가 **b, d, g, l, m, n, v**일 때 앞에 **x**가 빠진다.

evade
[ivéid]

e(x)

e (밖에) + **vade** (가다)
➡ 밖으로 도망치다　동 도망치다, 피하다
evasion 명 얼버무리기, 회피

어원 메모

invader는 '침입자'라는 뜻인데, 어원을 풀어보면 「안에(in) + 가는(vade) + 사람(er)」으로 vad(e)에는 '가다'라는 의미가 있다. 진흙이나 물 속을 '힘겹게 걷다'라는 뜻의 wade, '뒤뚱뒤뚱 걷다'라는 뜻의 waddle도 같은 어원이다.

enormous
[inɔ́ːrməs]

norm

e (밖에) + **norm** (기준, 표준) + **ous** (형·접)
➡ 기준 밖의
형 거대한　**enormity** 명 엄청남, 심각함

어원 메모

각 개인에게 할당된 일의 양을 '노르마(norma)'라고 하는데, 이는 일찍이 목수가 사용하던 직각 모양 자에서 유래한 것으로 norm은 '표준'이나 '기준'이라는 의미가 되었다. abnormal은 「~에서 떨어져(ab) + 표준의(normal)」에서 '이상한', subnormal은 「아래에(sub) + 표준의(normal)」에서 '표준 이하의'라는 뜻이다.

extracurricular
[èkstrəkərikjələr]

extra (밖에) + **curriculum** (커리큘럼,
교육 과정) + **ar** (형·접)
➡ 교육 과정 밖의
형 학과 이외의

extreme
[ikstríːm]

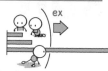

extr (밖에) + **eme** (최상급)
➡ 가장 바깥의
형 극도의 명 극단
extremely 부 극도로
extremist 명 극단주의자
extremity 명 극도, 맨 끝

exterior
[ikstíriər]

exter (밖에) + **ior** (비교급)
➡ 더 바깥의
형 외부의, 외관의 명 외부, 외면

external
[ikstéːrnl]

exter (밖에) + **al** (형·접)
➡ 밖의
형 외부의

excuse
명 [ikskjúːs] 동 [ikskjúːz]

ex (밖에) + **cuse** (소송)
➡ 소송을 피하다
명 변명 동 용서하다, 변명하다

evaporate
[ivǽpərèit]

e (밖에) + **vapor** (증기) + **ate** (동·접)
➡ 증기가 되어 나가다
동 증발하다, 사라지다
evaporation 명 증발

5-1 alt(o) = 높은, 자라다

exalt

[igzɔ́:lt]

ex (밖에) + **alt** (높은)

➡ 높게 만들다

동 승격시키다, 칭찬하다

관련어휘 ➡ **exaltation** 명 (날아갈 듯한) 행복감, 격상

He wrote the poem to exalt the Roman Empire.
그는 로마 제국을 찬양하기 위해 그 시를 썼다.

She was in a state of exaltation.
그녀는 아주 행복한 상태였다.

어원 메모

'알토'는 가장 낮은 음역을 노래하는 여성 파트를 말하지만, 사실 alto는 이탈리아어로 '높은'이라는 뜻으로 남성 파트인 테너보다 높은 음역을 의미한다. 라틴어에서는 altus, 더 거슬러 올라간 인도유럽어 조어에서는 al로서 '크게 되다', '성장하다'라는 의미를 지닌다. adult는 「~ 쪽으로(ad) + 성장하다(ult)」로 '성인'이라는 뜻이며, old(늙은)나 elder(연상의)도 같은 어원이다.

106

altitude

[ǽltətjùːd]

명 고도, 고지

We're flying at an altitude of 60,000 feet.

우리는 6만 피트 고도로 비행하고 있습니다.

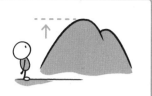

alt (높은) + itude (명·접)
➡ 높은 상태

haughty

[hɔ́ːti]

형 거만한, 오만한

That haughty girl has few friends.

그 오만한 소녀는 친구가 거의 없다.

haught (=altus 높은) + y (형·접)
➡ 비싸게 구는

coalition

[kòuəlíʃən]

명 연합체, 연립 정부

coalesce 동 연합하다, 합치다

A coalition government was formed in the country.

그 나라에서는 연립 정부가 구성되었다.

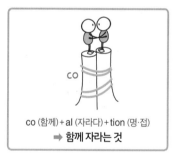

co (함께) + al (자라다) + tion (명·접)
➡ 함께 자라는 것

adolescent

[ædəlésnt]

형 청소년기의, 미숙한 명 청소년

adolescence 명 청소년기

Adolescent boys tend to be more addicted to the Internet.

청소년기의 남자 아이들은 인터넷에 더 많이 중독되는 경향이 있다.

ad (~쪽으로) + ol (자라다) + scent (하고 있는)
➡ 자라고 있는

5-2   cav, cum= 비어 있는, 구멍, 부풀다

excavate

[ékskəvèit]

ex (밖에) + **cav** (구멍) + **ate** (동·접)

➡ 구멍 밖으로 꺼내다

동 발굴하다, 파다

관련어휘 ➡ **excavation** 명 발굴

He excavated the ancient city of Troy.
그는 트로이의 고대 도시를 발굴했다.

The general public can join the excavations.
일반 대중도 발굴에 참여할 수 있다.

어원 메모

'동굴' cave는 땅에서 비어 있는 부분이라는 뜻에서 유래하는데, 인도유럽어 조어에서 '부풀다'라는 뜻을 가진 keue로 거슬러 올라간다. '교회' church도 같은 어원으로, '부풀다' → '강력한' → '군주' → '신' → '신이 머무는 곳'으로의 연상을 통해 생겨난 말이다.

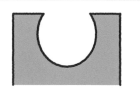

cav (구멍) + ity (명·접)
➡ 구멍이 뚫린 상태

cavity

[kǽvəti]
명 구멍, 충치 (구멍)

Do you have any cavities?
충치가 있으신가요?

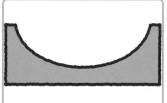

con (완전히) + cave (비어 있는)
➡ 완전히 비어 있는

concave

형 [kankéiv]　명 [kánkèiv]
형 오목한, 움푹 들어간
명 오목면

A concave lens is used to correct short-sightedness.
오목 렌즈는 근시를 교정하는 데 사용된다.

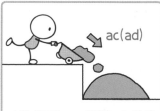

ac(ad)

a(c) (~쪽으로) + cum (부풀다) + ate (동·접)
➡ 점점 부풀다

accumulate

[əkjúːmjəlèit]
동 축적하다, 모으다, 늘어나다
accumulation 명 축적(물)

Fat accumulated around my belly.
내 배 주변으로 지방이 쌓였다.

cumu (부풀다) + late (동·접) + tive (형·접)
➡ 부풀고 있는

cumulative

[kjúːmjələtiv]
형 누적되는, 점차 증가하는

The cumulative deficit was one billion won.
누적 적자는 10억 원이었다.

5-3 cel, cul, col= 치솟다

excel

[iksél]

ex (밖에) + **cel** (치솟다)

➡ 우뚝 솟다

동 뛰어나다, 탁월하다

관련어휘 ➡ **excellent** 형 뛰어나게 잘하는, 훌륭한
excellence 명 훌륭함

His son excels in math and Korean.
그의 아들은 수학과 국어에 뛰어나다.

My daughter is excellent in English.
내 딸은 영어를 아주 잘한다.

어원 메모

어근 cel은 인도유럽어 조어로 '눈에 띄는', '치솟다'라는 의미의 kel에서 유래했으며, 나중에 영어에서 대지에 솟아오른 것을 뜻하는 '언덕(hill)'으로 변화했다. 라틴어, 프랑스어를 거쳐 cel은 col로 변화한다. 미국 New York주의 표어인 'Excelsior(더욱 더 높이)'는 '뛰어난', '기품이 있는'이 원래 뜻이다.

colonel

[kə́:rnl]
명 대령

He was promoted to colonel last month.
그는 지난 달 대령으로 승격되었다.

col (치솟다) + el(la) (명·접)
➡ 높이 솟은 사람

---

culminate

[kʌ́lmənèit]
동 결국 ~이 되다[~로 끝나다], (천체가) 남중하다
culmination **명** 최고조, 결과, 남중

Her efforts culminated in success.
그녀의 노력은 성공으로 끝났다.

cul (치솟다) + ate (동·접)
➡ 치솟다

---

column

[kɑ́ləm]
명 원기둥, 칼럼 (기사)
columnist **명** (신문의) 정기 기고가, 칼럼니스트

His column is always interesting.
그의 칼럼은 언제나 흥미롭다.

col (치솟다) + mn (것)
➡ '원기둥' ➡ '원기둥 모양의 것'
➡ 신문의 '세로칸'

---

downhill

[dàunhíl]
부 비탈 아래로 **형** 내리막의 **명** 내리막길
uphill **부** 비탈 위로 **형** 오르막의 **명** 오르막길

We went downhill towards the village.
우리는 그 마을을 향해 비탈 아래로 갔다.

down (아래로) + hill (언덕)
➡ 언덕 아래로

5-4   cite = 부르다

excite

[iksáit]

ex (밖에) + **cite** (부르다, 움직이게 하다)

➡ 감정을 불러일으키다

동 **흥분시키다, 자극하다**

관련어휘 ➡ **excitement** 명 **흥분, 자극**

I was excited to see the famous singer.
나는 그 유명한 가수를 보고 흥분했다.

You need some excitement.
너는 자극이 좀 필요해.

어원 메모

어근 cite는 인도유럽어 조어에서 '움직이다'를 뜻하는 keie에서 유래한 말로, 영화를 뜻하는 cinema도 '움직이는 사진'이라는 뜻으로 같은 어원이다. 또한 효소 이름 뒤에 자주 붙는 kinase(키나아제)는 「움직이게 하는(kin) + 화학 물질(ase)」을 말한다. 같은 어근을 가진 단어로 kinetic(운동의), kinesis(운동성), kinematics(운동학) 등이 있다.

→ 말이나 문장 등을 부르다

cite

[sáit]

동 인용하다, 예를 들다

citation 명 인용(문)

The sentence cited above is from Shakespeare.

위 인용문은 셰익스피어에서 나온 것이다.

re (다시) + cite (부르다)
→ 기억에서 불러일으키다

recite

[risáit]

동 암송하다, 열거하다

recital 명 독창회, 독주회

I have to be able to recite this poem by tomorrow.

나는 내일까지 이 시를 암송할 수 있어야 한다.

in (위에) + cite (부르다)
→ 사람을 향해 불러일으키다

incite

[insáit]

동 선동하다, 고무하다

He incited the crowd to violence.

그는 군중을 폭력에 이르도록 선동했다.

sol (전부, 완전히) + cit (부르다)
→ 완전히 부르다

solicit [səlísət]

동 간청하다, 호객 행위를 하다

solicitor 명 방문 판매원, 사무 변호사

solicitation 명 간청, 호객 행위

solicitous 형 걱정하는

The publishing company solicited me to write a novel.

그 출판사는 나에게 소설을 써 달라고 간청했다.

5-5   labor = 노동

elaborate

형 [ilǽbərət]   동 [ilǽbərèit]

e (밖에) + **labor** (노동) + **ate** (형·접, 동·접)
➡ 노동의 결과가 밖으로 나타난 ➡ 정교한

형 정성 들인, 정교한   동 자세히 설명하다, 정교하게 만들다

We were served an elaborate meal.
우리는 정성 들인 식사를 대접받았다.

Will you elaborate on that point?
그 점을 자세히 설명해 주시겠어요?

어원 메모

labor는 라틴어가 영어에 그대로 들어온 것으로 '노동'이라는 의미이다. '여행(하다)' 혹은
'이동하다'라는 의미의 travel도 labor와 마찬가지로 여행이나 이동에 수반되는 '고생',
'수고'가 어원이며, travail은 그 자체로 '고생', '진통'이라는 뜻으로 쓰인다. 같은 어원의
프랑스어 travailler는 '일하다', '공부하다'라는 뜻이다.

laborer

[léibərər]

명 노동자

labor 명 노동(력), 일
　　　동 (육체) 노동을 하다

labor (노동) + er (사람)
➡ **노동하는 사람**

He made his living as a day laborer.

그는 일용직 노동자로서 생계를 꾸렸다.

---

laboratory

[lǽbərətɔ̀ːri]

명 실험실, 연구실

labor (노동) + ory (장소)
➡ **노동하는 장소**

He spent all his time in his laboratory.

그는 모든 시간을 그의 연구실에서 보냈다.

---

laborious

[ləbɔ́ːriəs]

형 힘든, 열심히 일하는

labor (노동) + ious (형·접)
➡ **노동의**

Checking all the information is laborious.

모든 정보를 확인하는 것은 힘들다.

---

collaborate

[kəlǽbərèit]

동 공동으로 일하다, 협력하다

collaboration 명 협력, 공동 작업

co(l) (함께) + labor (노동) + ate (동·접)
➡ **함께 노동하다**

Are you interested in collaborating with me?

저와 공동으로 일하는 것에 관심이 있나요?

5-6　limit = 문턱

eliminate

[ilímənèit]

e(x)

e (밖에) + **limi** (문턱) + **ate** (동·접)

➡ 문턱 밖으로 내보내다

동 **없애다, 제거하다, 탈락시키다**

관련어휘 ➡ **elimination** 명 제거, 삭제

I was eliminated before I got to the finals.
나는 결승에 가기 전에 탈락했다.

Our team is on the brink of elimination.
우리 팀은 탈락 직전에 있다.

어원 메모

limit는 라틴어로 '경계', '밭과 밭 사이에 쌓은 흙', '문턱'이 원래 뜻이며, 여기서 '한계, 제한' 등의 의미가 생겨났다. 영국에서는 '유한 책임 회사'나 '주식회사'를 Ltd.라고 나타내는데, 이것은 Limited (company)를 말하는 것이다.

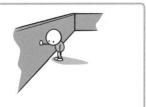

limit (문턱) + ate (동·접) + ion (명·접)
➡ 제한하는 것

limitation

[lìmətéiʃən]

명 한계, 제한

limit 명 한계, 제한
동 제한하다

You should know your limitations.
너는 자신의 한계를 알아야 한다.

pre

pre (앞에) + limi (문턱) + ary (형·접)
➡ 문턱 앞의

preliminary

[prilímənèri]

형 예비적인, 준비의
명 예비 행위, 예선

The preliminary election was held last Sunday.
지난 일요일에 예비 선거가 실시되었다.

sub (아래에서 위로) + lime (문턱)
➡ 문턱 위에

sublime

[səbláim]

형 장엄한, 숭고한

We enjoyed the sublime night view.
우리는 장엄한 야경을 즐겼다.

off (떨어져) + limit (문턱)
➡ 문턱에서 멀어지는

off-limits

[ɔ̀:flíməts]

형 출입 금지의

The park is off-limits from sunset to sunrise.
그 공원은 일몰부터 일출까지 출입 금지입니다.

5-7   rect = 똑바로, 끌다

erect

[irékt]

e (밖에) + **rect** (똑바로)

➡ 곧게 뻗다

동 세우다, 건립하다   형 똑바로 선, 직립한

관련어휘 ➡ **erection** 명 건설, 직립, 발기

Many tents were erected overnight.
밤사이에 많은 텐트가 세워졌다.

They postponed the erection of the bridge.
그들은 다리 건설을 연기하였다.

어원 메모

어근 rect(똑바로)는 왕이 정한 '규칙(regular)'의 reg, 상대방을 향해 곧장 갈 수 있는 '주소(address)'의 dress와 어원이 같다. address에서 향하는 대상이 청중이 되면 '연설(하다)'가 된다. 또 dress는 몸을 바르게 한다는 의미에서 '옷을 입히다'가 된 것으로, '드레싱(dressing)'은 샐러드에 '옷을 입히는' 것을 의미한다.

co(r) (완전히) + rect (똑바로)
➡ 올바른

correct

[kərékt]

형 올바른, 정확한
동 수정하다
correction 명 수정, 정정

Please correct my English if you find any mistakes.
만약 실수를 발견하시면 제 영어를 고쳐 주세요

di (떨어져) + rect (끌다)
➡ 저쪽으로 가라고 이끌다

direct

[dərékt]

동 지시하다, 감독하다, 향하다
형 직접적인, 직행의

My dream is to direct movies.
저의 꿈은 영화를 감독하는 것입니다.

di (떨어져) + rect (끌다) + ion (명·접)
➡ 저쪽으로 가라고 이끄는 것

direction

[dərékʃən]

명 지시, 방향

She has no sense of direction.
그녀는 방향 감각이 없다.

rect (똑바로) + ify (동·접)
➡ 똑바로 하다

rectify

[réktəfài]

동 바로잡다, 고치다
rectification 명 수정, 개정

How should we rectify this problem?
우리는 이 문제를 어떻게 바로잡아야 할까?

5-8   tort = 비틀다

extort

[ikstɔ́:rt]

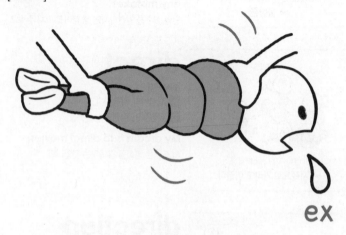

ex

ex (밖에) + **tort** (비틀다)

➡ 비틀어 꺼내다

동 갈취하다

관련어휘 ➡ **extortion** 명 갈취, 강요

He was arrested for extorting money.
그는 금품 갈취로 체포되었다.

He's accused of extortion.
그는 갈취 혐의를 받고 있다.

어원 메모

'레토르트' 식품은 미리 조리하여 밀봉한 후 증기 솥에서 가열 및 살균한 인스턴트 음식을
뜻하는데, 이때 레토르트는 가압·가열 살균 장치를 말한다. retort는 「다시(re) + 비틀다
(tort)」가 어원이다. '횃불' torch는 '비틀어진 것'이 원래 뜻이다.

dis

dis (떨어져) + tort (비틀다)
➡ **이상한 방향으로 비틀다**

distort

[distɔ́:rt]
[동] 왜곡하다, 비틀다
distortion [명] 왜곡, 비틀림

Don't distort the facts.
사실을 왜곡하지 마라.

re (다시) + tort (비틀다)
➡ **비틀어 돌려주다**

retort

[ritɔ́:rt]
[동] 응수하다, 반박하다
[명] 레토르트, 증류기

"That's none of your business!" he retorted.
"그건 당신이 상관할 일이 아니야!"라고 그는 받아 쳤다.

tort (비틀다) + ure (명·접)
➡ **비트는 것**

torture

[tɔ́:rtʃər]
[명] 고문, 고뇌
[동] 고문하다, 괴롭히다

His lecture is torture for me.
그의 강의는 나에게 고문이다.

tor (비틀다) + ment (명·접)
➡ **비트는 것**

torment

[명] [tɔ́:rment] [동] [tɔ̀:rmént]
[명] 고뇌, 고통
[동] (몹시) 괴롭히다

The long hike was a torment for me.
긴 하이킹은 나에게 고통이었다.

5-9   center = 중심

eccentric

[ikséntrik]

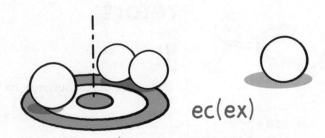

ec(ex)

e(c) (밖에) + **center** (중심) + **ic** (형·접)

➡ 중심 밖에 있는

형 괴짜인, 이상한   명 괴짜, 별난 사람

관련어휘 ➡ **eccentricity** 명 별남, 기이함

He's known for his eccentric behavior.
그는 별난 행동으로 알려져 있다.

I don't like being treated as an eccentric.
전 괴짜로 취급받는 것이 싫어요.

어원 메모

center는 라틴어로 '원의 중심', 그리스어로 '말벌의 침', '뾰족한 끝'이 원래 뜻이다.
eccentric의 centric은 접미사처럼 쓰여 '~ 중심의'라는 뜻이 되며, 그 예로 egocentric
(자기중심의), geocentric(지구 중심의), heliocentric(태양 중심의) 등이 있다.

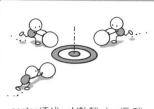

center (중심)+al (형·접)+ize (동·접)
➡ 중심으로 만들다

centralize

[séntrəlàiz]
동 중앙 집권화하다
center 명 중심 동 집중시키다
central 형 중심에 있는, 중심의

He failed to centralize the economy.
그는 경제를 중앙 집권화하는 데 실패했다.

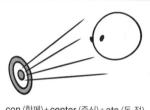

con (함께)+center (중심)+ate (동·접)
➡ 모두 중심에 모으다

concentrate

[kánsəntrèit]
동 집중하다
concentration 명 집중(력)

I can't concentrate because of the noise.
나는 소음 때문에 집중할 수 없다.

epi (위에, 가까이에)+center (중심)
➡ 중심부에

epicenter

[épəsèntər]
명 진앙, 진원지

The epicenter of the earthquake was 100 kilometers away.
그 지진의 진앙은 100킬로미터 떨어져 있었다.

center (중심)+fug (피하다)+al (형·접)
➡ 중심을 피해서 가는

centrifugal

[sentrífjəgl]
형 원심적인, 원심력을 이용한
centrifuge 명 원심 분리기
centripetal 형 구심적인, 구심성이 있는

This device uses centrifugal force.
이 장치는 원심력을 이용한다.

5-10   per(i) = 시험하다

experiment

명 [ikspérəmənt]   동 [ikspérəmənt]

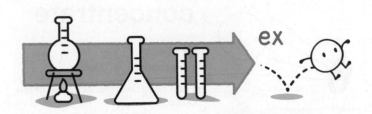

ex (밖에서) + **peri** (시험하다) + **ment** (명·접)

➡ 시험해 보는 것

명 실험   동 실험하다

관련어휘 ➡ **experimental** 형 실험적인, 실험에 의한

Our experiment was a great success.
우리의 실험은 대성공이었다.

His theory lacks experimental evidence.
그의 이론은 실험에 의한 증거가 부족하다.

어원 메모

'수입하다'라는 뜻의 import는 「안으로(im) + 운반하다(port)」, '선호하다'라는 뜻의 prefer는 「앞에(pre) + 운반하다(fer)」인데, 각각의 어근 port와 fer는 원래 '먼저 (나아가다)'라는 뜻의 인도유럽어 조어 per로 거슬러 올라간다. 이것이 거의 그대로 영어로 들어온 것이 per(i)이다. 알려지지 않은 곳으로 가는 이미지로부터 '시험하다'라는 의미가 생겨났다.

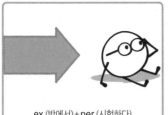

ex (밖에서) + per (시험하다)
➡ 시험을 거친 사람

expert

[ékspə:rt]

[명] 전문가
[형] 전문적인, 숙달한
expertise [명] 전문 지식[기술]

She is an expert at communicating her ideas clearly.
그녀는 자신의 생각을 분명하게 전달하는 데 전문가다.

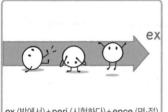

ex (밖에서) + peri (시험하다) + ence (명·접)
➡ 시험을 해 보는 것

experience

[ikspíriəns]

[명] 경험
[동] 경험하다
experienced [형] 경험 있는
empirical [형] 경험상의

He has no experience in teaching.
그는 가르친 경험이 없다.

➡ 시험하는 것 = 위험을 수반하다

peril

[pérəl]

[명] (심각한) 위험
perilous [형] 아주 위험한

They were faced with many perils.
그들은 많은 위험에 직면해 있었다.

pir (시험하다) + ate (명·접)
➡ 시험하는 사람 ➡ 위험을 무릅쓰는 사람

pirate

[páirət]

[명] 해적
[동] 저작권을 침해하다
piracy [명] 저작권 침해, 불법 복제

These are pirated DVDs.
이것들은 해적판 DVD다.

Chapter

6

co-, con-, com-
(함께, 완전히)

CO-, CON-, COM-

(함께, 완전히)

co는 영어의 전치사 **with**(~와 함께), 부사 **together**(함께)에 해당하는 라틴어에서 유래한 접두사이다. '함께'라는 이미지에서 '모두' → '완전히'라는 강조의 의미도 갖는다. 주로 모음이나 **h, g, w** 앞에서 사용하며, **l, m, n, r** 등의 자음에 붙을 때는 **col, com, con, cor** 등의 형태가 된다.

confront
[kənfrʌ́nt]

con

con (함께) + **front** (앞, 이마)
➡ 이마를 맞대다
동 맞서다, 직면하다

어원 메모

'~ 앞에'는 in front of인데, 여기서 front는 라틴어로 '이마'를 뜻한다. frontier는 「앞에 가는(front) + 사람(ier)」으로, 군대에서 최전선에 있는 사람이라는 뜻에서, '최첨단', '국경' 등의 의미를 가진다.

conscience
[kánʃəns]

어원 메모

'과학'을 뜻하는 science의 어원은 라틴어 「알고 있는(sci) + 것(ence)」에서 유래한다. conscious는 「완전히(con) + 알고 있는(scious)」으로 '의식이 있는, 자각하는'이라는 뜻이다.

con (완전히) + **sci** (알고 있는) + **ence** (것) ➡ 완전히 자신을 아는 것
명 양심, 죄의식　**conscientious** 형 양심적인

coeducation
[kòuedʒəkéiʃən]

co (함께) + **educate** (교육하다) + **ion** (명·접)
➡ 남자와 여자를 함께 교육하는 것
명 남녀 공학

coeditor
[kòuédətər]

co (함께) + **edit** (편집하다) + **or** (사람)
➡ 함께 편집하는 사람
명 공동 편집자

constant
[kánstənt]

con (함께) + **stant** (서 있는)
➡ 함께 서 있는
형 일정한, 끊임없는

complicated
[kámpləkèitid]

com (함께) + **pli** (포개다, 접다) + **ate** (동·접) + **ed** (된)
➡ 함께 접힌
형 복잡한

colleague
[káli:g]

co(l) (함께) + **league** (선택된)
➡ 함께 선택된 사람
명 동료

combine
[kəmbáin]

com (함께) + **bine** (둘)
➡ 둘을 하나로 만들다
동 결합하다, 조합하다
combination 명 결합, 조합

6-1   fide, fede, fy = 신뢰하다

con**fide**

[kənfáid]

con (완전히) + **fide** (신뢰하다)

➡ 완전히 신뢰하다

동 **신뢰하다, (비밀을) 털어놓다**

관련어휘 ➡ **confident** 형 자신감 있는
confidence 명 자신감, 신뢰

I have few friends to confide in.
나는 신뢰하는 친구가 거의 없다.

Be more confident in yourself.
스스로에게 더 자신감을 가지세요.

어원 메모

confide는 '신뢰하다'라는 의미의 라틴어 fidare에서 유래한다. 상대를 믿고 결혼을 약속한 여성은 fiancée, 남성은 fiancé라고 한다. '신뢰', '신앙'은 faith, 형용사 '충실한', '신뢰할 수 있는'은 faithful이다.

fede (신뢰하다) + al (형·접)
➡ 신뢰할 수 있는

federal

[fédərəl]

형 연방의, 연합의
federation 명 연방 정부, 연합[연맹]

FBI stands for Federal Bureau of Investigation.
FBI는 '연방 수사국'을 의미한다.

con
con (함께) + fede (신뢰하다) + ate (형·접)
➡ 서로에게 신뢰하는

confederate

[kənfédərət]

형 공범인, 동맹의, 남부 연방의(Confederate)
명 공범, 동맹자

The Confederate states had to retreat.
남부 연방은 후퇴해야 했다.

de
de (떨어져, 아닌) + fy (신뢰하다)
➡ 신뢰하지 않다

defy

[difái]

동 반항하다, 저항하다
defiance 명 반항, 저항

The players defied their coach.
선수들은 코치에게 반항했다.

di (떨어져) + fide (신뢰하다) + ent (형·접)
➡ 자신감이 없는

diffident

[dífidənt]

형 자신 없는, 수줍어 하는
diffidence 명 자신이 없음, 수줍음

His tone was diffident.
그의 어조는 자신감이 없었다.

6-2　fuse, fut = 붓다

confuse

[kənfjúːz]

con (함께) + **fuse** (붓다)

➡ 동시에 붓다

동 **당황하게 하다, 혼동하게 하다**

관련어휘 ➡ **confusion** 명 혼란, 혼동, 당혹

He looked confused.
그는 당황한 모습을 보였다.

He tried to hide his confusion.
그는 당혹감을 감추려 애썼다.

어원 메모

납, 주석, 안티몬 등 잘 녹는 합금으로 만들어진 장치는 '퓨즈(fuse)', '핵융합'은 nuclear fusion, 전혀 다른 종류의 음식을 융합한 것은 '퓨전(fusion)', 불에 올린 냄비에 화이트 와인과 치즈를 녹여 빵을 찍어 먹는 스위스 음식은 '퐁듀(fondue)'로 모두 같은 어원이다.

refuse

re (다시) + fuse (붓다)
➡ 부은 사람에게 되돌려 붓다

동 [rifjúːz]　명 [réfjuːs]
동 거절하다, 거부하다
명 쓰레기
refusal 명 거절

She refused to accept the offer.
그녀는 그 제안을 받아들이기를 거부했다.

diffuse

di(f) (떨어져) + fuse (붓다)
➡ 흩뿌리다

[difjúːz]
동 널리 퍼지다, 확산되다, 분산되다
diffusion 명 발산, 보급

The pollutants diffused into the soil.
오염 물질이 토양으로 확산되었다.

infuse

in (안에) + fuse (붓다)
➡ 부어넣다

[infjúːz]
동 불어넣다, 주입하다
infusion 명 주입(제), 투입

Stem cells were infused into the patient.
줄기세포가 환자에게 주입되었다.

futile

fut (붓다) + ile (형·접)
➡ 붓고 있는

[fjúːtl]
형 헛된, 쓸데없는
futility 명 공허, 쓸데없는 짓

He made a futile attempt.
그는 쓸데없는 시도를 했다.

133

6-3   greg, ger = 모이다

con**gregate**

[káŋgrəgèit]

con

con (함께) + **greg** (모이다) + **ate** (동·접)

➡ 함께 모이다

동 모이다

관련어휘 ➡ **congregation** 명 모임, (교회) 신자들

The students congregated in the auditorium.
학생들이 강당에 모였다.

The congregation is kneeling to pray.
신자들은 기도하기 위해 무릎을 꿇고 있다.

어원 메모

고대 그리스의 공공 건축물이나 기둥에 둘러싸인 광장, 그곳에서 행해지는 정치 집회를
'아고라(agora)'라고 하는데, 그리스어로 아고라는 '집회', '광장'이라는 뜻으로, 인도유럽
어 조어에서 '모이다'라는 뜻의 ger에서 유래한다. '카테고리(category)'는 「위에서 아래
로(cata) + 모은 것(gory)」으로 '범주', '종류'라는 뜻이다.

segregate

[ségrəgèit]

동 차별하다, 분리하다

segregation 명 차별, 분리

The boys and girls were segregated into different classes.

남자 아이들과 여자 아이들은 다른 반으로 분리되었다.

se (떨어져) + greg (모이다) + ate (동·접)
➡ 모임에서 떼어놓다

gregarious

[grigéəriəs]

형 사교적인, 군생하는

Tom has a gregarious personality.

Tom은 사교적인 성격이다.

greg (모이다) + ious (형·접)
➡ 모여 있는

agoraphobia

[ǽgərəfóubiə]

명 광장 공포증

Can agoraphobia be cured?

광장 공포증은 치유될 수 있는가?

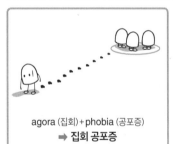

agora (집회) + phobia (공포증)
➡ 집회 공포증

allegory

[ǽləgòːri]

명 우화

This book is based on a certain allegory.

이 책은 한 우화에 근거하고 있다.

allos (다른) + agor (광장) + ory (명·접)
➡ 광장에서 다른 대상을 이야기하다
➡ 우화를 말하다

6-4   mart, mert, merc(e) = 거래하다

commerce

[kámə:rs]

com (함께) + **merce** (거래하다)

➡ 같이 거래하다

명 상업, 무역

관련어휘 ➡ **commercial** 형 상업의, 영리 목적의   명 광고

I majored in commerce at college.
저는 대학에서 무역을 전공했습니다.

There are too many commercials on TV.
TV에 너무 많은 광고가 나온다.

어원 메모

merit는 거래할 가치가 있는 것, 즉 '장점'이나 '가치'라는 뜻이며, 반의어는 demerit(결점, 단점)이다. '시장 = 마켓(market)'은 '거래 장소'가 원래 뜻이고, merchant는 「거래하는(merc) + 사람(ant)」으로 '상인'을 뜻한다. '수성' Mercury는 상업의 신 Mercurius (메르쿠리우스)에서 유래한다.

merc (거래하다) + y (명·접)
➡ 거래하는 것
➡ 거래한 사람에게 주어지는 보상

mercy

[mə́ːrsi]

명 자비, 연민

merciful 형 자비로운

merciless 형 무자비한

May God have mercy on you!
당신에게 신의 자비가 있기를!

merce (거래하다) + ary (형·접)
➡ 거래의

mercenary

[mə́ːrsənèri]

형 돈이 목적인, 금전적인 이유의 명 용병

Foreign mercenary soldiers were recruited.
외국인 용병이 모집되었다.

merchant (상인) + ise (동·접)
➡ 상인이 되다

merchandise

[mə́ːrtʃəndàiz]

동 (광고 등을 통해) 판매하다

명 상품

The product is being properly merchandised.
그 상품은 잘 팔리고 있다.

merchant (상인) + ile (형·접)
➡ 상인의

mercantile

[mə́ːrkəntìːl]

형 상업의

He is a specialist in mercantile law.
그는 상법 전문가이다.

6-5 **mune, mute** = 변하다, 움직이다

----

communicate

[kəmjúːnəkèit]

com (함께) + **mun** (변하다) + **ate** (동·접)

➡ 서로 변하다

동 의사소통하다, 전달하다

관련어휘 ➡ **communication** 명 의사소통, 통신 수단

How do you communicate with them?
당신은 그들과 어떻게 의사소통합니까?

Her communication skills are improving.
그녀의 의사소통 기술이 좋아지고 있다.

어원 메모

'커뮤니티(community)'는 「함께(com) + 변하는(mun) + 것(ity)」이 어원으로, 서로 변해가는 것을 의미하여 '공동체', '지역 사회 사람들'이라는 뜻이 된다. '공산주의자'를 뜻하는 '커뮤니스트(communist)', '주민 공동체'를 뜻하는 프랑스어 '코뮌(commune)'도 같은 어원이다.

commute

com (완전히) + mute (변하다)
➡ 지금 있는 장소에서 전혀 다른
장소로 움직이다

[kəmjúːt]
동 통근[통학]하다
명 통근[통학] 시간
commuter 명 통근자, 통학자

How do you commute to school?
당신은 학교까지 어떻게 통학하나요?

---

immune

im (아닌) + mune (변하다)
➡ 변한 것이 없는
➡ 영향을 받지 않는

[imjúːn]
형 면역력이 있는, 면제된
immunity 명 면역(력), 면제

I'm immune to measles.
나는 홍역에는 면역이 되어 있다.

---

common

com (함께) + mon (변하다)
➡ 모두가 변하여 공통된 생각을 가지다

[kámən]
형 공통의, 흔한

He lacks common sense.
그는 상식이 부족하다.

---

mutual

mut (변하다) + ual (형·접)
➡ 교환하는

[mjúːtʃuəl]
형 상호 간의, 공동의

We reached a mutual agreement.
우리는 상호 합의에 도달했다.

6-6   sol, ho = 전부, 확실한, 단단한

consolidate

[kənsálədèit]

con (함께) + **solid** (단단한) + **ate** (동·접)

➡ 함께 단단하게 만들다

동 강화하다, 통합하다

관련어휘 ➡ **consolidation** 명 강화, 통합

The company consolidated its operations in one location.
그 회사는 한 장소에서의 영업을 강화했다.

The trend toward consolidation will continue.
합병으로의 흐름은 계속될 것이다.

어원 메모

인도유럽어 조어에서 '전부', '확실히 관리된'을 의미하는 sol이 ho(l)로 변하여 다양한
영어 단어가 생겨났다. '대학살'을 뜻하는 holocaust는 '전부 태우다'라는 뜻이며, 전체를
그린 '입체 사진'은 '홀로그램(hologram)'이다. whole cake는 케이크 하나를 통째로 말
하는 것으로 whole은 '전체(의)'라는 의미이다.

sol (전부)+id (형·접)
➡ 단단한, 속이 전부 꽉 찬

solid

[sálid]

형 고체의, 단단한, 믿음직한

명 고체

The pond is frozen solid.

연못이 단단히 얼어 있다.

solid (단단한)+ify (동·접)
➡ 단단하게 만들다

solidify

[səlídəfài]

동 응고시키다[하다], 확고히 하다

The oil will solidify overnight.

그 기름은 밤사이에 응고할 것이다.

solidus (고대 로마 시대의 금화)+er (사람)
➡ 금화를 대가로 받는 사람

soldier

[sóuldʒər]

명 군인, 병사

My grandfather became a soldier at age 20.

우리 할아버지는 20살에 군인이 되었다.

solid (단단한)+ity (명·접)
➡ 단단한 것

solidarity

[sɑ̀lədǽrəti]

명 연대, 결속

The work created a sense of solidarity.

그 일은 연대감을 만들어 주었다.

6-7   tech, text= 천을 짜다, 조립하다

context

[kántekst]

con (함께) + **text** (천을 짜다)

➡ 함께 짜여진 글

명 **문맥, 상황**

관련어휘 ➡ **contextual** 형 문맥상의

You can guess the meaning from the context.
여러분은 문맥에서 의미를 추측할 수 있습니다.

He talked about the problem in a historical context.
그는 역사적 상황에 비추어 그 문제에 대해 이야기했다.

어원 메모

'문서', '글', '원문'을 뜻하는 text는 '천을 짜다'라는 뜻의 라틴어에 유래한다. '기술' technique, '(과학) 기술' technology도 같은 어원이다. 휴대폰으로 주고받는 문자 메시지는 text (message)라고 하는데, I'm slow at texting(=text messaging).(나는 메시지를 쓰는 것이 느리다.)와 같이 자동사로도 쓰인다.

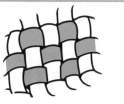

text (천을 짜다) + ile (된)
➡ 천이 짜여진 것

textile

[tékstàil]
명 직물

They are engaged in the textile industry.

그들은 직물 산업에 종사하고 있다.

text (천을 짜다) + ure (명·접)
➡ 천을 짜는 것

texture

[tékstʃər]
명 감촉, 질감, 식감

The texture feels oily.

감촉이 기름진 느낌입니다.

arch (우두머리) + tect (조립하다)
➡ 집을 조립하는 우두머리

architect

[árkətèkt]
명 건축가
architecture 명 건축(학), 건축물

This building was designed by a famous architect.

이 건물은 유명한 건축가에 의해 설계되었다.

pre (앞에) + text (조립하다)
➡ 상대방 앞에서 말을 조립하다

pretext

[príːtèkst]
명 구실, 핑계

She could find no pretext for firing him.

그녀는 그를 해고할 구실을 찾지 못했다.

6-8   tempo= 시간, 계절

contemporary

[kəntémpərèri]

con (함께) + **tempo** (시간) + **ary** (형·접)

➡ 동시대의

형 동시대의, 현대의   명 동시대의 사람

She majors in contemporary literature.
그녀는 현대 문학을 전공한다.

He was a contemporary of Shakespeare.
그는 셰익스피어와 동시대의 사람이었다.

어원 메모

음악에서 '템포(tempo)'는 '악곡을 연주하는 속도'를 의미하는 이탈리아어로, 라틴어에서 '시간'을 의미하는 tempus에서 유래했으며, 인도유럽어 조어에서 '늘이다'라는 의미의 ten으로 거슬러 올라간다. 일본식 튀김을 의미하는 '덴뿌라'는 포르투갈어 temporas(사계절에 행하는 단식일)가 어원이라는 설이 있는데, 가톨릭에서 단식일에 육식을 금하고 채소에 튀김 옷을 입혀 튀긴 음식을 먹었기 때문이다. 이 의미로는 146쪽의 '신전'을 의미하는 temple과 어원이 같다.

temper

[témpər]

명 기분, 성질
동 누그러뜨리다, 완화시키다

He loses his temper easily.
그는 쉽게 성질을 낸다.

➡ 일시적인 기분

---

temporary

[témpərèri]

형 일시적인, 임시의

He lives in a temporary housing unit.
그는 임시 주택에 산다.

tempo (시간) + ary (형·접)
➡ 시간의 ➡ 일시적인

---

temperate

[témpərət]

형 온화한, (기후가) 따뜻한
temperament **명** 기질

The U.K. is in the Temperate Zone.
영국은 온대 지역에 있다.

temper (차분함) + ate (형·접)
➡ 기분이 차분한

---

temperature

[témpərətʃər]

명 기온, 체온

Today's temperature is below zero Celsius.
오늘 기온은 섭씨 0도 이하이다.

temper (성질, 기질) + ture (명·접)
➡ 기질을 만드는 것

6-9   tem(p), tom= 자르다

contemplate

[kántəmplèit]

con (완전히) + **temple** (신전) + **ate** (동·접)

➡ 신전에서 차분히 생각하다

동 (깊이) 생각하다, 명상하다

관련어휘 ➡ **contemplation** 명 숙고, 명상

I've never contemplated living abroad.
나는 해외에서 사는 것을 한 번도 생각해 본 적 없어요.

She sat there deep in contemplation.
그녀는 깊이 명상에 잠긴 채 거기에 앉아 있었다.

어원 메모

'원자' atom의 어원은 「아닌(a) + 자르다(tom)」로, '더 이상 자를 수 없는 것'이 원래 뜻이다. 형용사는 atomic(원자의)이며, atomic bomb은 '원자 폭탄'이라는 뜻이다. '신전', '사원'을 의미하는 temple은 '세속의 세계로부터 분리된 성스러운 장소'가 원래 뜻이다.

temple

[témpl]

명 사원, 신전

This temple was built in the 4th century.

이 사원은 4세기에 지어졌다.

temp (자르다) + le (명·접)
➡ 세속의 세계로부터 분리된 장소

---

anatomy

[ənǽtəmi]

명 해부학, 구조

anatomical **형** 해부의

anatomize **동** 해부하다, 분석하다

He's an authority on anatomy.

그는 해부학 분야의 권위자다.

ana (아래에서 위로) + tom (자르다) + y (명·접)
➡ 전체를 자르는 것

---

entomology

[èntəmálədʒi]

명 곤충학

entomologist **명** 곤충학자

entomological **형** 곤충학의

She specializes in entomology.

그녀는 곤충학을 전공한다.

en (안에) + tom (자르다) + logy (학문)
➡ 곤충 안을 잘라서 연구하는 것

---

epitome

[ipítəmi]

명 축도, 전형, 본보기

He's the epitome of evil.

그는 악의 전형이다.

epi (위에, 안에) + tome (자르다)
➡ 안을 잘라서 작게 만든 것

6-10　vince, vict = 싸우다, 정복하다

con**vict**

동 [kənvíkt]　명 [kánvikt]

con (완전히) + **vict** (정복하다)

➡ 상대를 완전히 때려눕히다

동 유죄를 선고하다, (유죄를) 증명하다　명 유죄 판결을 받은 자

관련어휘 ➡ **conviction** 명 유죄 판결, 신념

He was convicted of robbery.
그는 강도죄로 유죄 판결을 받았다.

He has no previous convictions.
그는 전과가 없다.

어원 메모

'승리'를 뜻하는 victory는 라틴어에서 '정복하다', '극복하다'라는 의미의 동사 vincere 의 과거분사 victoria에서 유래했다. 로마 신화에 나오는 '승리의 여신'은 빅토리아 (Victoria)로, victor는 「승리하는(vict) + 사람(or)」으로 '승리자'라는 의미가 된다.

convince

[kənvíns]

동 납득시키다, 설득하다

I convinced her to attend the party.
나는 그녀를 파티에 참석하라고 설득했다.

con (완전히) + vince (정복하다)
➡ 상대를 완전히 정복하다

province

[právins]

명 주(州), 지방, 영역

That province is rich in natural resources.
그 지역은 천연 자원이 풍부하다.

pro (앞에) + vince (정복하다)
➡ 이미 정복한 땅

invincible

[invínsəbl]

형 무적의, 정복할 수 없는

Our team is invincible.
우리 팀은 무적이다.

in (아닌) + vinc (정복하다) + ible (할 수 있는)
➡ 정복할 수 없는

vanquish

[vǽŋkwiʃ]

동 정복하다, 완파하다

Napoleon was finally vanquished.
나폴레옹은 마침내 완파되었다.

vanq (정복하다) + ish (동·접)
➡ 정복하다

6-11   ceal, cell, hell = 덮다, 감추다

conceal

[kənsíːl]

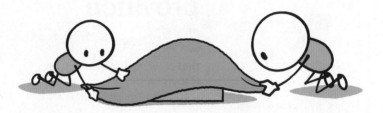

con (완전히) + **ceal** (덮다)

➡ 완전히 덮다

동 감추다, 숨기다, 비밀로 하다

관련어휘 ➡ **concealer** 명 컨실러(피부의 흠을 가리는 화장품)
concealment 명 은폐

He tried to conceal **the evidence.**
그는 증거를 감추려고 노력했다.

A concealer **is a must for me.**
컨실러는 저에게 필수예요.

어원 메모

'지옥' hell은 덮여 있는 장소, '헬멧(helmet)'은 머리를 덮는 물건이며, hole(구멍),
hall(큰 방), holster(권총집), ceiling(천장)도 모두 인도유럽어 조어에서 '덮다', '숨기다'
라는 뜻의 kel에서 유래했다. color도 같은 어원으로 '색으로 감추다'가 원래 뜻이다.

→ 덮어서 숨겨진 → 수도원의 독방
→ 작은 방

cell

[sél]

명 세포, 독방, 전지, 휴대폰(=cell phone)
cellular **형** 세포의

Why is it so difficult to find cancer cells?

왜 암세포를 찾는 것은 그토록 어려운가?

→ 숨겨진 장소

cellar

[sélər]

명 지하 저장고, (와인) 저장실

Will you get me some wine from the cellar?

와인 셀러에서 와인 좀 가져다줄래요?

→ 주변을 덮은

hollow

[hálou]

형 텅 빈, 움푹 팬
명 움푹 팬 곳

There are some birds in the hollow tree.

텅 빈 나무 속에 새가 몇 마리 있다.

→ 덮는 것

hull

[hʌl]

명 (콩)깍지, 껍질

Remove the hull and get the walnut out.

껍질을 제거하고 호두를 꺼내세요.

6-12 astro, stella, sider, ster = 별

consider

[kənsídər]

con (완전히) + **sider** (별)

➡ 제대로 별을 관찰하다

동 생각하다, 간주하다, 고려하다

관련어휘 ➡ **considerable** 형 상당한, 많은
considerate 형 사려 깊은, 배려하는
consideration 명 고려, 배려

I consider her to be a close friend.
나는 그녀를 친한 친구라고 생각한다.

She's always considerate to the poor.
그녀는 항상 가난한 사람들을 배려한다.

어원 메모

'별' star는 인도유럽어 조어에서 별을 뜻하는 ster에서 유래했다. '재해'를 뜻하는 영어 단어 disaster의 어원은 「dis(떨어져) + aster(별)」로, 행운의 별로부터 버림받은 상태를 말한다. stellar는 '별의', '일류의'라는 의미의 형용사이다. ster는 라틴어나 그리스어에서 aster로 변화했는데, '별표(*)'는 asterisk, '소행성'은 「별(aster)을 + 닮은(oid)」에서 asteroid이며, aster는 '과꽃'으로 꽃이 별 모양을 닮은 국화과의 식물이다.

de (떨어져) + sire (별)
➡ 행운의 별이 뜨기를 바라다

desire

[dizáiər]

동 바라다, 원하다

명 욕구, 갈망

desirable 형 바람직한, 소망하는

She has no desire for money.
그녀는 돈에 대한 갈망이 없다.

astro (별) + nomy (법칙)
➡ 별의 법칙

astronomy

[əstránəmi]

명 천문학

astronomical 형 천문학의

astronomer 명 천문학자

He's interested in astronomy.
그는 천문학에 흥미가 있다.

astro (별) + naut (선원)
➡ 우주의 선원

astronaut

[ǽstrənɔ̀:t]

명 우주 비행사

His aim is to be an astronaut.
그의 목표는 우주 비행사가 되는 것이다.

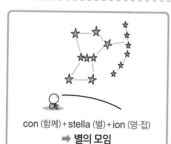

con (함께) + stella (별) + ion (명·접)
➡ 별의 모임

constellation

[kànstəléiʃən]

명 별자리

What is your constellation?
당신의 별자리는 뭔가요?

Chapter

in-, en-, em-

(안에, 완전히)

in-, en-, em-
(안에, 완전히)

인도유럽어 조어에서 '~ 안에'라는 의미의 en이 라틴어에서 in으로 변화하여 '안에', '위에'가 되었다. in은 b, m, p로 시작하는 말 앞에서는 im이 되고, r 앞에서는 ir이 된다. en도 b, m, p로 시작하는 말 앞에서는 em이 된다.

enchant
[intʃǽnt]

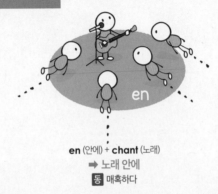

en

en (안에) + **chant** (노래)
➡ 노래 안에
동 매혹하다

어원 메모

'가곡'은 이탈리아에서 칸초네(canzone), 프랑스에서 샹송(chanson)이라고 하는데, 라틴어 can이나 chan에는 '노래하다'라는 뜻이 있다. '매력' charm이나 '매력적인' charming도 같은 어원이다.

inherit
[inhérət]

어원 메모

'상속인'이라는 뜻의 영어 단어 heir는 라틴어에서 유래한 말로, '물려받는 사람'이 원래 뜻이다. '세계 문화유산'은 World Heritage인데, heritage는 '물려받은 것'을 뜻한다. heredity는 부모로부터 물려받은 것으로 '유전(적 특징)'이라는 의미이다.

in

in (안에) + **heir** (상속인) ➡ 상속인이 되다
동 상속받다, 물려받다   **inheritance** 명 상속, 유산

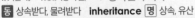

inhale
[inhéil]

in (안에) + **hale** (숨)
➡ 숨을 들이마시다
동 들이마시다

insurance
[inʃúərəns]

in (안에) + **sure** (확실한) + **ance** (명·접)
➡ 확실한 것으로 만드는 것
명 보험
insure 동 보험에 들다

inmate
[inmèit]

in (안에) + **mate** (동료)
➡ 형무소 동료
명 재소자, 수감자

empower
[impáuər]

em (안에) + **power** (힘)
➡ 힘을 불어넣다
동 권한을 주다

enjoy
[indʒɔ́i]

en (안에) + **joy** (즐거움)
➡ 즐거운 상태에
동 즐기다

enrich
[inrítʃ]

en (안에) + **rich** (부유한)
➡ 부유한 상태에
동 부유하게 만들다

7-1   au(g), au(c) = 늘어나다, 만들어 내다

inaugurate

[inɔ́:gjərèit]

in (안에) + **augur** (늘어나다) + **ate** (동·접)
➡ 점을 쳐서 풍년을 기원하다
동 취임시키다, 개회식을 하다

관련어휘 ➡ **inauguration** 명 취임(식)

Washington was inaugurated as the first president.
Washington은 초대 대통령으로 취임했다.

The inauguration of the president was held yesterday.
어제 대통령 취임식이 열렸다.

어원 메모

'책을 쓴 사람', '저자' author의 어원은 「늘어나는(au) + 사람(or)」으로, 무언가를 만들어 내고 증가시키는 사람을 말하며, '공동 저자'는 co-author이다. '옥션(auction)'은 원래 미술품 '경매'를 말하는데, 이는 「늘어나는(auc) + 것(tion)」, 즉 매입가가 점점 늘어나는 것에서 유래했다. '8월' August는 고대 로마 제국의 초대 황제 아우구스투스(Augustus) 의 탄생월에서 유래한 것으로, augustus는 라틴어로 '존경해야 하는'을 의미한다.

authority

[əθɔ́ːrəti]
명 권한, 권위(자), 당국

She is an authority on linguistics.
그녀는 언어학 분야의 권위자다.

author (만들어 내는 사람) + ity (명·접)
➡ 만들어 내는 사람에게 있는 것

authorize

[ɔ́ːθəràiz]
동 권한[권위]을 주다

The king authorized the mayor to rebuild the city.
왕은 시장에게 도시를 재건할 권한을 부여했다.

author (만들어 내는 사람) + ize (동·접)
➡ 만들어 내는 사람이 되게 하다

authoritative

[əθɔ́ːrətèitiv]
형 권위적인, 권위 있는

I hate his authoritative voice.
나는 그의 권위적인 목소리가 싫다.

authority (권한) + tive (형·접)
➡ 권한을 주는

augment

[ɔːgmént]
동 늘리다, 증가시키다
augmentation **명** 증가, 증대

I want to augment my income.
나는 내 수입을 늘리고 싶다.

➡ 고대 프랑스어에서 '증가하다',
'커지다'를 뜻하는 augmenter

7-2　fla(m) = 빛나다, 불타다

inflame

[infléim]

in (안에) + **flame** (불타다)

➡ 안에서 불타다

동 **불타오르게 하다, 흥분시키다**

관련어휘 ➡ **inflamed** 형 붉어진, 흥분한
　　　　　inflammation 명 염증

His words inflamed the crowd.
그의 말은 군중을 격앙시켰다.

His eyes are red and inflamed.
그의 눈은 빨갛고 충혈되어 있다.

어원 메모

'플라밍고(flamingo)'는 '불꽃 색깔로 빛나는'이라는 뜻의 스페인어, 포르투갈어에서 유래한 것으로, 라틴어에서 '불타다'라는 뜻을 가진 fla(m)으로 거슬러 올라간다. 스페인의 민속 춤 '플라맹코(flamenco)'는 안달루시아 지방 집시들의 격렬한 춤 동작과 선명한 색깔의 의상에서 유래한다.

flammable

[flǽməbl]

형 가연성의, 불에 잘 타는
inflammable 형 가연성의

This is a highly flammable gas.
이것은 매우 불에 잘 타는 기체이다.

flam (불) + able (할 수 있는)
➡ 불이 될 수 있는

nonflammable

[nànflǽməbl]

형 불연성의

The substance is nonflammable.
그 물질은 불연성이다.

non (아닌) + flam (불타다) +
able (할 수 있는)
➡ 불에 타지 않는

flamboyant

[flæmbɔ́iənt]

형 화려한, 대담한

She is known for her flamboyant personality.
그녀는 대담한 성격으로 알려져 있다.

flamboy (불타다) + ant (형·접)
➡ 불에 타고 있는

conflagration

[kànfləgréiʃən]

명 큰불, 대화재

There was a conflagration in the forest.
숲에 대화재가 있었다.

con (완전히) + flag (불타다) + ate (동·접)
+ ion (명·접)
➡ 완전히 불에 타는 것

7-3 blo, bla, fla = 불다

inflate

[infléit]

in (안에) + **flate** (불다)

➡ 불어넣다

[동] 부풀리다, 팽창시키다

관련어휘 ➡ **inflation** [명] 인플레이션, (통화) 팽창

I don't know how to inflate the life jacket.
나는 구명조끼를 어떻게 부풀리는지 모른다.

The rate of inflation is slowing down.
인플레이션 속도가 느려지고 있다.

어원 메모

'바람이 불다', '숨을 내쉬다'는 blow로, 인도유럽어 조어에서 '불다, 부풀다'라는 의미를
가진 bhle에서 유래했다. bhle는 라틴어를 거쳐 fla로, 게르만어를 거쳐 blo, bla로 변화
하였다. 머랭에 다양한 재료를 섞어 오븐에 부풀려 구운 음식인 '수플레(soufflé)'도 같은
어원이다.

flavor

flav (불다) + or (것)
➡ 불어온 것

[fléivər]

명 맛, 풍미, 향신료

This spice heightens the flavor of meals.

이 양념은 식사의 풍미를 끌어올린다.

deflate

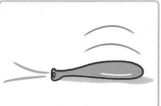

de (떨어져, 아닌) + flate (불다)
➡ 불지 않다

[difléit]

동 움츠리게 하다, 수축시키다, 공기를 빼다

deflation **명** (통화) 수축, 디플레이션

The tire looks deflated.

타이어 공기가 빠진 것처럼 보인다.

bladder

bla (불다) + er (것)
➡ 불어넣은 것
➡ 동물의 방광에 공기를 불어서
음식을 저장한 것

[blǽdər]

명 방광, 주머니

You need to empty your bladder 4-6 times a day.

하루에 4~6회 배뇨할 필요가 있다.

blast

➡ 바람이 격렬하게 부는 것

[blǽst]

명 폭발, 돌풍, 즐거운 경험

동 폭발시키다

We had a blast at the party.

우리는 그 파티에서 마음껏 즐겼다.

7-4   corp(or) = 몸

incorporate

[inkɔ́ːrpərèit]

in (안에) + **corpor** (몸) + **ate** (동·접)

➡ 몸을 집어넣다

동 포함하다, 회사 조직으로 만들다

관련어휘 ➡ **incorporation** 명 결합, 회사, 설립

My business was incorporated.
나의 사업은 회사 조직이 되었다.

They supported the incorporation of the company.
그들은 그 회사의 설립을 지지했다.

어원 메모

몸매 보정을 위해 입는 속옷 또는 정형외과 의료 용구인 '코르셋(corset)'은 「몸(cors) + 작은 것(et)」에서 유래한다. '코르사주(corsage)'는 원래 몸에 달라붙는 여성용 조끼에 다는 꽃다발을 의미한다. '코퍼스(corpus)'는 구어나 문어를 체계적으로 수집한 자료를 말하는데 '인체'가 원래 뜻이다.

corporation

corpor (몸) + ate (동·접) + ion (명·접)
➡ 몸으로 만드는 것 ➡ 법인

[kɔ̀ːrpəréiʃən]
명 기업, 법인, 조합
corporate **형** 법인 조직의, 회사의

Corporations **are downsizing.**
기업들이 인원 감축을 하고 있다.

---

corporal

corpor (몸) + al (형·접)
➡ 몸의

[kɔ́ːrpərəl]
형 신체의, 육체의

Corporal punishment **is strictly prohibited.**
체벌은 엄격히 금지되어 있다.

---

corpse

➡ 사람의 몸

[kɔ́ːrps]
명 (인간의) 시체, 사체

The corpse **was found in the forest.**
그 시체는 숲에서 발견되었다.

---

corps

➡ 사람 집단

[kɔ́ːr]
명 군단, 부대, 단체

He was a member of the diplomatic corps.
그는 외교단의 구성원이었다.

7-5   deb, du = 지다, 빌리다

in**debted**

[indétid]

in (안에) + **debt** (빌린 것) + **ed** (형·접)

➡ 빌린 상태에 있는

형 감사하는, 빚이 있는

I'm deeply indebted to him.
나는 그에게 깊이 감사한다.

I'm indebted to him for 100 dollars.
나는 그에게 100달러를 빌리고 있다.

어원 메모

'직불 카드' debit card는 결제 대금이 자신의 계좌에서 직접 이체되는 카드이지만, 사실 debit의 어원은 「빌리다(deb) + 되다(it)」로 '빌려 받은 것'이 원래 뜻이고, 동사로는 '계좌 에서 인출하다'라는 의미가 있다.

➡ 빌린 것

debt

[dét]

명 부채, 빚, 은혜

debtor **명** 채무자

I'm in debt to her for one million won.

저는 그녀에게 100만 원의 빚이 있어요.

du (지다) + ty (명·접)
➡ 짊어져야 하는 것

duty

[djúːti]

명 의무, 직무, 관세

duty-free **형** 면세의 **명** 면세품

How much is the duty on this watch?

이 손목시계에 관세는 얼마입니까?

deb (빌리다) + ture (명·접)
➡ 빌리는 것

debenture

[dibéntʃər]

명 채권, 사채, 채무 증서

What is convertible debenture?

전환 사채란 무엇입니까?

over (넘어서) + due (기한의)
➡ 기한을 넘긴

overdue

[òuvərdúː]

형 기한이 지난, 출산 예정일이 지난

This library book is overdue.

이 도서관 책은 반납 기한이 지났다.

7-6   **demo**= 사람들

endemic

[endémik]

en (안에) + **dem** (사람들) + **ic** (형·접)

➡ 사람들 속에

형 (지역) 특유의, 고유의, 흔히 볼 수 있는

명 풍토병

Malaria is still endemic in this region.
말라리아는 이 지역에서 아직도 흔히 볼 수 있다.

This is a species endemic to Korea.
이것은 한국의 고유종입니다.

어원 메모

사람들에게 근거 없는 소문을 퍼뜨리거나 선동하는 사람을 demagogue(선동가)라고 하는데, 이는 「사람들(dem)을 + 몰아가는(ag) + 것(gue)」에서 유래한다. 또한 어떤 특정한 의견, 주장을 가진 사람들이 모이는 '시위(demonstration)'는 「완전히(de) + 나타내는 (mon) + 것(ster)으로 + 만드는(ate) + 일(ion)」이 어원으로, '시위', '시범'이라는 의미가 있다.

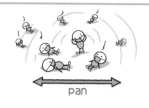

pan (전체의) + dem (사람들) + ic (형·접)
➡ 전체 민중의

pandemic

[pændémik]

형 세계적[전국적]으로 퍼지는, 유행하는
명 세계적[전국적]인 유행병, 전염병

This flu could reach pandemic status worldwide.

이 독감이 세계적으로 유행하는 상태에 이를 수도 있다.

epi (위에, 사이에) + dem (사람들) + ic (형·접)
➡ 사람들 사이에

epidemic

[èpədémik]

형 전염성의, 만연하는, 유행하는
명 유행병, 유행(성), 만연

There was a cholera epidemic in 1854.

1854년에 유행성 콜레라가 있었다.

demo (사람들) + cracy (지배)
➡ 사람들이 지배하는 것

democracy

[dimákrəsi]

명 민주주의, 민주 국가
democrat **명** 민주주의자
democratic **형** 민주주의의

We live in a democracy.

우리는 민주주의 안에 살고 있다.

demo (사람들) + graph (쓰다) + y (명·접)
➡ 사람들의 구성을 쓴 것

demography

[dimágrəfi]

명 인구 통계(학)
demographics **명** 인구 통계 (자료)
demographic **형** 인구 통계의
　　　　　　　 명 구매층

She's an expert on demography.

그녀는 인구 통계학 전문가이다.

7-7 fan, phan= 출현하다, 보이다

emphasize

[émfəsàiz]

em (완전히) + **phas** (보이다) + **ize** (동·접)

➡ 확실히 보여주다

동 **강조하다**

관련어휘 ➡ **emphasis** 명 강조
emphatic 형 강한, 강조하는

He emphasized the importance of education.
그는 교육의 중요성을 강조했다.

I want to put emphasis on this point.
저는 이 점을 강조하고 싶습니다.

어원 메모

'판타지(fantasy)'는 '유령의 출현'이 원래 뜻으로, 거기서 '환상', '공상'의 의미로 확장되었다. fantasy의 형용사 fantastic은 '환상적인'이라는 뜻에서 '현실과 동떨어진', '훌륭한'이라는 의미로 변화했다. 이탈리아의 '환상곡'은 '판타지아(fantasia)'라고 한다.

→ 출현하다
→ 모습

phase

[féiz]

명 단계, 양상[모습], 국면

The economy is entering a new phase.

경제는 새로운 국면에 접어들고 있다.

→ 보이는 것

phenomenon

[finámənàn]

명 현상, 경이로운 것

phenomenal 형 현상적인, 경이로운

The smartphone is not a new phenomenon.

스마트폰은 새로운 현상이 아니다.

→ fantasy(환상)와 같은 어원

fancy

[fǽnsi]

동 상상하다, 생각하다

명 공상, 상상

형 별난, 고급스러운

Fancy meeting you here!

여기서 당신을 만나다니 놀라워요!

→ 출현한 것

phantom

[fǽntəm]

명 유령, 환영

형 유령 같은, 환상의

Have you ever seen The Phantom of the Opera?

당신은 '오페라의 유령'을 본 적이 있습니까?

7-8 **trude** = 밀다

intrude

[intrúːd]

in

in (안에) + **trude** (밀다)

➡ 밀고 들어오다

동 들이닥치다, 침범하다, 방해하다

관련어휘 ➡ **intrusive** 형 참견하는, 끼어드는
　　　　intrusion 명 침해, 침범

Don't intrude on my privacy.
내 사생활에 침범하지 마.

Stop being intrusive.
그만 참견해.

어원 메모

intrude는 라틴어로 '밀다', '쥐어짜다'라는 뜻의 trudere에서 유래했다. 형태는 조금씩
바뀌는데, 강제로 밀고 나가는 이미지에서 threat는 '협박', threaten은 '위협하다',
threatening은 '위협적인', thrust는 '밀치다', '찌르다'라는 의미가 있다.

ex (밖에) + trude (밀다)
➡ 밀어내다

extrude

[ikstrúːd]
동 밀어내다, 쫓아내다

Lava is being extruded from the volcanic vent.

용암이 화산 통로에서 밀려나오고 있다.

pro (앞에) + trude (밀다)
➡ 밀어내다

protrude

[prətrúːd]
동 튀어나오다
protrusion 명 돌출

Gently protrude your tongue.

천천히 혀를 내밀어 주세요.

ob (향하여) + trude (밀다)
➡ 밀어붙이다

obtrude

[əbtrúːd]
동 강요하다, 끼어들다
obtrusive 형 끼어드는, 주제넘는

Don't obtrude your opinions on me.

당신의 의견을 나에게 강요하지 마세요.

abs (떨어져) + truse (밀다)
➡ 밀지 않는 ➡ 눈에 띄지 않는
➡ 이해하기 어려운

abstruse

[æbstrúːs]
형 난해한

It's impossible to solve this abstruse problem.

이 난해한 문제를 푸는 것은 불가능하다.

7-9 rot, rol = 돌다, 말다

enroll
[inróul]

en (안에) + **roll** (돌다)
➡ 돌려서 안에 넣다

동 입학[입회]시키다, 등록하다

관련어휘 ➡ **enrollment** 명 입학, 입회, 가입, 등록

She was enrolled in Sophia University.
그녀는 Sophia 대학에 입학했다.

My enrollment was accepted.
나의 입학은 인정되었다.

어원 메모

교통 정리를 위해 시내 교차로 중심이나 역 앞에 있는 원형 '로터리(rotary)'는 「돌다 (rot) + 상태의(ary)」가 어원이다. 반죽을 넓게 펴서 말아서 구운 빵은 bread roll이다. 놀이공원의 roller coaster는 급커브 레일이나 360도로 돌아가는 레일을 빠르게 달리는 놀이 기구이다.

174

roll

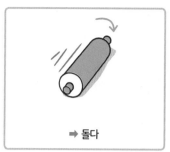

➡ 돌다

[róul]

동 구르다, 굴리다, 돌다
명 통, 두루마리, 명부

Let me call the roll.
명단을 부르겠습니다.

---

role

➡ 대사가 적혀 있는 두루마리

[róul]

명 역할, (극의) 배역

Fish plays an important role in Japanese cuisine.
생선은 일식에서 중요한 역할을 한다.

---

rotate

rot (돌다) + ate (동·접)
➡ 돌다

[róuteit]

동 회전하다, 교대하다
rotation 명 회전, 교대, 자전

Does the moon rotate?
달은 자전하나요?

---

control

contr (대항하여) + rol (돌다)
➡ 반대로 돌리다
➡ 통제하다

[kəntróul]

동 지배하다, 조절하다, 통제하다
명 지배, 조절, 통제

He couldn't control himself.
그는 자신을 제어할 수 없었다.

7-10   nov, new = 새로운

in**novation**

[ínəvéiʃən]

in (안에) + nov (새로운) + ate (동·접) + ion (명·접)
➡ 새롭게 만드는 것
명 혁신, 획기적인 것

관련어휘 ➡ **innovate** 동 혁신[쇄신]하다, 도입하다

There has been little innovation in that industry.
그 업계에는 혁신이 거의 없다.

You must innovate to make progress.
당신이 진보하기 위해서는 혁신해야 합니다.

어원 메모

인도유럽어 조어에서 '새로운'을 뜻하는 newo는 현대 영어에서 거의 원형을 유지하여 new의 형태로 남아 있는데, 고대 그리스어를 경유하여 neo, 라틴어를 경유하여 nov로 변화했다. 천문 용어 '신성(新星)'은 nova, '소설' novel은 '새로운 것'이 원래 뜻이다.

anew

[ənjúː]

튀 새로, (처음부터) 다시

Let's start anew.
다시 시작하자.

a (~ 쪽으로) + new (새로운)
➡ 새로운 방향으로

renew

[rinjúː]

동 재개하다, 갱신하다
renewal 명 갱신, 재개, 재생
renewable 형 재생 가능한

I have to get my passport renewed.
나는 여권을 갱신해야 해요.

re (다시) + new (새로운)
➡ 한 번 더 새롭게 만들다

novelty

[návlti]

명 새로움, 참신함
novel 형 참신한 명 소설

Novelty tends to wear off.
참신함은 점차 사라지는 법이다.

nov (새로운) + el + ty (명·접)
➡ 새로운 것

renovate

[rénəvèit]

동 개조하다, 수리하다
renovation 명 개조, 수리

This restaurant has been renovated recently.
이 레스토랑은 최근 수리되었다.

re (다시) + nov (새로운) + ate (동·접)
➡ 다시 새롭게 만들다

7-11   merge, merse = 담그다

immerse

[imə́:rs]

im (안에) + **merse** (담그다)

➡ 안에 담그다

동 담그다, 몰두하게 하다

관련어휘 ➡ **immersion** 명 (액체 속에) 담금, 몰두

He's immersed in his studies.
그는 연구에 몰두해 있다.

I'm interested in an immersion program.
저는 몰입 프로그램에 관심이 있어요.

어원 메모

외국어를 학습할 때 일반 교과목 내용을 해당 외국어로 학습하는 언어 교육 방법을 '이머전'이라고 하는데, 이것은 언어 환경에 완전히 잠긴 상태에서의 언어 습득을 목표로 하는 방법이다. immersion은 「안에(im) + 담그는(merge) + 것(ion)」이 원래 뜻이다.

➡ 같은 물에 담기다

merge

[mə́ːrdʒ]

동 합병하다, 합치다

merger 명 합병

He merged his company with a larger business.

그는 자신의 회사를 더 큰 업체와 합병했다.

e(x)

e (밖에) + merge (가라앉다)
➡ 가라앉은 것이 밖으로 나오다

emerge

[imə́ːrdʒ]

동 나타나다, 드러나다

The moon emerged from behind the clouds.

달이 구름 뒤에서 나타났다.

emerge (나타나다) + ency (명·접)
➡ 나타나는 것

emergency

[imə́ːrdʒənsi]

명 긴급 상황, 비상

emergent 형 발생하는, 나타나는

A state of emergency has been declared.

긴급 사태가 선언되었다.

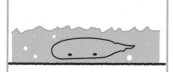

sub (아래에) + merge (가라앉다)
➡ 아래에 가라앉다

submerge

[səbmə́ːrdʒ]

동 잠수하다, 담그다, 감추다

submersion 명 잠수, 침몰

The ship was submerged off the coast.

그 배는 먼 바다에서 물에 잠겼다.

Chapter

in-, un-, a-

(아닌)

in-, un-, a-
(아닌)

in은 인도유럽어 조어에서 '~이 아닌'이라는 부정의 뜻을 가진 ne에 유래했다. ne(아닌)는 그리스어에서 an으로 바뀌었고, un으로 영어에 들어왔다. b, m, p로 시작하는 말 앞에서는 in은 im으로 변화하고, l로 시작하는 말 앞에서는 il로, r로 시작하는 말 앞에서는 ir로 변화한다.

inflexible
[infléksəbl]

flexible

in (아닌) + **flex** (구부리다) + **ible** (할 수 있는)
➡ 구부릴 수 없는
형 유연성이 없는, 융통성이 없는
flexible 형 유연한　**flexibility** 명 유연성

어원 메모

라틴어로 '구부리다'라는 뜻의 flectere에서 유래했다. reflect는 「re(뒤로) + flect(구부리다)」로 '반사하다, 숙고하다', reflex는 '반사 반응'이다. reflexology는 '반사 요법'으로, 발바닥의 특정 부위를 누르면 특정 신체 부위에 변화가 생긴다는 생각에 기반한 피로 개선 치료법을 말한다.

---

unhappy
[ʌnhǽpi]

happy

어원 메모

happy(행복한)는 '운'을 뜻하는 게르만어 hap에서 유래했다. happen은 '일어나다', perhaps는 '아마', haphazard는 '되는 대로의', mishap은 '불운', hapless는 '불운한'이라는 뜻이며 모두 같은 어원이다.

un (아닌) + **happy** (행복한) ➡ 행복하지 않은
형 불행한

incorrect
[ìnkərékt]

in (아닌) + **co(r)** (완전히) + **rect** (똑바로)

➡ 완전히 똑바르지 않은

형 부정확한, 잘못된

correct 형 정확한, 올바른

incomplete
[ìnkəmplíːt]

in (아닌) + **com** (완전히) + **plete** (채우다)

➡ 완전히 채워지지 않은

형 불완전한

complete 형 완전한 동 완료하다

indirect
[ìndərékt]

in (아닌) + **di** (떨어져) + **rect** (똑바로, 끌다)

➡ 바로 가지 않는

형 간접적인

direct 형 직접적인 동 향하다, 지시하다

unarmed
[ʌnáːrmd]

un (아닌) + **arm** (무기) + **ed** (된)

➡ 무기를 가지지 않은

형 비무장의

armed 형 무장된

unconscious
[ʌnkánʃəs]

un (아닌) + **con** (완전히) + **sci** (알다)
+ **ous** (형·접)

➡ 자신을 알 수 없는

형 무의식적인, 의식을 잃은

conscious 형 의식이 있는, 자각하는

irresponsible
[ìrispánsəbl]

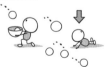

ir (아닌) + **re** (다시) + **spons** (약속하다)
+ **ible** (할 수 있는)

➡ 다시 약속할 수 없는

형 무책임한

responsible 형 책임이 있는

8-1   num, nom = 수, 잡다

innumerable

[injúːmərəbl]

in (아닌) + **num** (수) + **able** (할 수 있는)

➡ 수를 셀 수 없는

형 셀 수 없이 많은, 무수한

관련어휘 ➡ **numerical** 형 숫자의, 수적인

Look at the innumerable stars in the sky.
하늘에 떠 있는 무수한 별들을 보세요.

Put them in numerical order.
그것들을 번호순으로 놓으세요.

어원 메모

'수'를 뜻하는 number는 라틴어 numerus에서 유래하며, 인도유럽어 조어의 '잡다'라는 의미의 nem으로 거슬러 올라간다. economy는 「집(eco)을 + 잡는(nom) + 것(y)」이 원래 뜻이고, '집(국가)을 관리한다'는 뜻에서 '경제', '절약'의 의미가 된다. astronomy는 '천문학', autonomy는 '자치권', gastronomy는 '미식학(美食學)'이라는 뜻이다.

numerous

[njúːmərəs]

형 많은

I've met him on numerous occasions.

저는 그를 여러 번 만났어요.

num (수)+ous (형·접)
➡ 숫자가 있는

enumerate

[injúːmərèit]

동 열거하다, 하나씩 세다

Can you enumerate the capitals of the 50 states?

50개 주의 주도를 열거할 수 있습니까?

e (밖에)+num (수)+ate (동·접)
➡ 숫자를 세어 나가다

numb

[nʌm]

형 감각이 없는, 멍한

동 감각이 없게 만들다

Both of my legs went numb.

나는 두 다리가 저렸다.

➡ 감각이 붙잡힌

economy

[ikánəmi]

명 경제, 절약   형 저렴한, 경제적인

economical 형 경제적인, 실속 있는

economics 명 경제학

economic 형 경제(학)의

This country's economy is still growing.

이 나라의 경제는 아직 성장하고 있다.

eco (집, 국가)+nom (잡다)+y (명·접)
➡ 집(국가)을 잡는 것

8-2   art= 연결하다, 기술, 예술

inarticulate

[ìnɑːrtíkjələt]

in (아닌) + **art** (연결하다) + **cul** (명·접) + **ate** (형·접)

➡ 잘 연결하지 않은

형 알아들을 수 없는, (발음이) 불분명한

관련어휘 ➡ **articulate** 형 알기 쉬운, 명료한
동 명확하게 설명하다[발음하다]

He became inarticulate with rage.
그는 격분하여 말이 분명하지 않았다.

He gave a witty, articulate speech.
그는 재치 있고 알기 쉬운 연설을 했다.

어원 메모

arm(팔)과 art(예술)의 공통된 어근 ar는 인도유럽어 조어로 '잘 짜맞추다'라는 뜻이다. art는 잘 연결시키는 '기술'이라는 의미로부터 '예술'이라는 뜻이 생겼다. '예술적인'은 artistic, '교묘한'은 artful, '자연 그대로의'는 artless, '인공적인'은 artificial이다. '조화'를 뜻하는 '하모니(harmony)'도 같은 어원에서 온 말이다.

article

[ɑ́ːrtikl]

명 기사, 조항, 물품, <문법> 관사

I wonder who wrote this article.
나는 이 기사를 누가 썼는지 궁금해.

art (연결하다) + cle (것)
➡ 서로 연결된 것

---

artifice

[ɑ́ːrtifis]

명 술책, 계략

He seemed to be without artifice.
그는 계략이 없는 듯 보였다.

art (기술) + fice (만드는 것)
➡ 술책을 생각하는 것

---

artisan

[ɑ́ːrtəzən]

명 장인, 숙련공

She is an artisan baker.
그녀는 장인 제빵사이다.

art (기술) + an (사람)
➡ 기술을 가진 사람

---

inert

[inə́ːrt]

형 기력이 없는, 활발하지 않은
inertia 명 무기력, 타성, 관성

He is lying inert in bed.
그는 침대에 꼼짝 못하고 누워 있다.

in (아닌) + ert (기술)
➡ 기술이 없는

8-3   cit, civ = 도시, 마을

uncivil

[ʌ̀nsívl]

un (아닌) + **civ** (도시) + **il** (형·접)

➡ 도시적이지 않은

형 정중하지 못한, 무례한

관련어휘 ➡ **civil** 형 시민의, 민간의, 국내의

It was uncivil of him to say such things.
그가 그런 말을 한 것은 무례했다.

His father died in the civil war.
그의 아버지는 내전 중에 돌아가셨다.

어원 메모

'도시'를 뜻하는 city는 라틴어로 '시민'을 뜻하는 civis에서 유래했다. civil은 '도시에 산다'는 뜻에서 '시민의', '민간의'라는 의미가 된다. '시민', '국민'을 뜻하는 citizen은 「도시(cit) + 사람(en)」이 원래 뜻이다.

citizenship

citizen (시민) + ship (명·접)
➡ 시민이 가지는 것

[sítəznʃip]
명 시민권
citizen 명 시민, 국민

She obtained Canadian citizenship.
그녀는 캐나다 시민권을 얻었다.

civic

civ (도시) + ic (형·접)
➡ 도시의

[sívik]
형 도시의, 시민의
civics 명 시민 윤리

It is your civic duty to vote in elections.
선거에서 투표하는 것은 시민으로서의 의무이다.

civilian

civ (도시) + il (형·접) + ian (사람)
➡ 도시 사람

[sivíljən]
명 일반 시민, 민간인
형 일반 시민의, 민간의

Many innocent civilians were killed in the war.
전쟁에서 많은 무고한 민간인들이 죽었다.

civilization

civ (도시) + il (형·접) + ize (동·접)
+ tion (명·접)
➡ 도시화하는 것

[sìvələzéiʃən]
명 문명
civilize 동 문명화하다, 개화하다
civilized 형 문명화된

Warfare didn't happen until civilization arose.
문명이 생길 때까지 전쟁은 일어나지 않았다.

8-4　crede = 신뢰, 신용

incredible

[inkrédəbl]

in (아닌) + **cred** (신용) + **ible** (할 수 있는)

➡ 신용할 수 없는

형 **믿을 수 없는, 놀라운**

관련어휘 ➡ **credible** 형 믿을 수 있는

That's incredible.
그것은 믿을 수 없다.

He gave a credible explanation.
그는 믿을 만한 설명을 했다.

어원 메모

'신용 카드' credit card는 카드사가 이용자를 '신용'하여 일시적으로 가게에 지불해주는 카드로, credit의 어원은 「신용하다(cred) + 되다(it)」로 '신용하게 되다'가 원래 뜻이다. 은행으로부터의 '대출(금)', '예금'이라는 뜻 외에 '신용', '인정', '학점' 등의 의미가 있다.

a(c) (~에) + credit (신용)
➡ ~을 믿다

accredit

[əkrédit]

동 ~의 공으로 믿다, ~로 간주하다[인정하다]

He is accredited with that invention.
그 발명은 그의 공으로 여겨진다.

➡ 믿는 것

creed

[kríːd]

명 교리, 신념, 신조

What is your creed?
당신의 신조는 무엇입니까?

in (아닌) + cred (신용) + ous (형·접)
➡ 믿지 않는

incredulous

[ìnkrédʒələs]

형 믿지 않는, 의심하는 듯한
credulous 형 잘 믿는

He gave me an incredulous look.
그는 의심하는 듯이 나를 보았다.

cred (신용) + ence (명·접)
➡ 신용하는 것

credence

[kríːdns]

명 신뢰, 신빙성

There is no credence to the story.
그 이야기에는 신빙성이 없다.

8-5 mort, mur = 죽음

immortal

[imɔ́ːrtl]

im (아닌) + **mort** (죽음) + **al** (형·접)

➡ 죽지 않는

형 **불멸의** 명 **불멸의 사람**

관련어휘 ➡ **immortality** 명 불사, 불멸
mortal 형 죽을 운명에 있는, 치명적인
mortality 명 죽을 운명, 사망(률)

I believe the soul is immortal.
나는 영혼이 불멸한다고 믿는다.

We are mortal.
인간은 죽을 운명에 있다.

어원 메모

파리를 배경으로 한 에드가 앨런 포의 추리 소설 '모르그가의 살인(The Murders in the Rue Morgue)'에서 Morgue는 '시신 안치소'라는 의미로, 라틴어로 '죽다'를 뜻하는 mori에서 유래한다. 이는 인도유럽어 조어로 '긁다', '상처 주다'라는 의미의 mer로 거슬러 올라간다. '악몽'을 뜻하는 nightmare도 같은 어원이다.

→ 죽게 하는 (것)

murder

[mə́:rdər]

명 살인(죄), 살해

동 살해하다

murderer 명 살인자

He was arrested for an attempted murder.

그는 살인 미수로 체포되었다.

mort (죽음) + gage (서약)

→ 죽음의 서약

mortgage

[mɔ́:rgidʒ]

명 주택 담보 대출(금), 저당권

동 저당 잡히다

I mortgaged my house.

나는 집을 저당 잡혔다.

mort (죽음) + ary (장소)

→ 죽는 장소

mortuary

[mɔ́:rtʃuèri]

명 장례식장

His body was sent to the mortuary.

그의 시신은 장례식장으로 보내졌다.

mort (죽음) + ify (동·접)

→ 죽음을 생각하게 하다

mortify

[mɔ́:rtəfài]

동 굴욕감을 주다, 억제하다

mortification 명 굴욕, 고행

I was mortified by his rude remarks.

나는 그의 무례한 언행에 굴욕을 느꼈다.

8-6   hum(il), homo = 낮은, 인간

inhuman

[inhjúːmən]

in (아닌) + **hum** (인간) + **an** (형·접)

➡ 인간이 아닌

형 **비인간적인, 인정이 없는**

관련어휘 ➡ **human** 형 인간의, 인간적인 명 인간
humane 형 인정이 있는, 우아한

How can they do such inhuman things?
그들은 어떻게 그런 비인간적인 일을 할 수 있을까?

The accident resulted from human error.
그 사고는 인간의 실수의 결과로 일어났다.

어원 메모

인도유럽어 조어로 '대지'를 나타내는 dhghem이 라틴어에서 humus로 변화하여 '인간'
이라는 의미를 갖게 되었고, 이것의 형용사인 humanus가 human(인간의)으로 영어에
들어왔다. 원래 '대지'라는 뜻이므로 '낮은'이라는 의미도 있다. '호모사피엔스(Homo
sapiens)'는 라틴어로 「인간(homo) + 지혜로운(sapiens)」에서 유래한다.

humanity

[hju:mǽnəti]

[명] 인류, 인간성, 인간애

That doctor is wanting in humanity.

그 의사는 인간애가 부족하다.

human (인간) + ity (명·접)
➡ 인간으로 있는 것

humble

[hʌ́mbl]

[형] 겸손한, (신분이) 낮은

He was humble about his success.

그는 자신의 성공에 겸손했다.

hum (낮은) + ble (형·접)
➡ 허리가 낮은

humid

[hjú:mid]

[형] 습한, 축축한

humidity [명] 습기, 습도

Summer in Japan is hot and humid.

일본의 여름은 덥고 습하다.

hum (낮은) + id (형·접)
➡ 낮은 곳의 ➡ 낮은 습지의

humorous

[hjú:mərəs]

[형] 재미있는, 유머가 풍부한

humor [명] 유머, 기분, 기질

She is known as a humorous writer.

그녀는 유머가 풍부한 작가로 알려져 있다.

humor (인간의 체액) + ous (형·접)
➡ 인간의 체액을 구성하는 ➡ 마음 상태의

8-7   arch = 우두머리, 지배

anarchy

[ǽnərki]

a(n) (아닌) + **arch** (우두머리)

➡ 우두머리가 없는 상태

명 **무정부 상태, 무질서**

관련어휘 ➡ **anarchist** 명 무정부주의자

anarch 명 반란 주도자

The country fell into anarchy.

그 나라는 무정부 상태에 빠졌다.

The anarchist was imprisoned.

그 무정부주의자는 투옥되었다.

어원 메모

hierarchy(계층, 체계)는 원래 그리스어에서 「사제장(hier)에 의한 + 지배(archy)」라는 뜻으로, 가톨릭 성직자의 서열에서 피라미드 형태로 서열화된 위계 질서나 조직을 가리킨다. '대천사'는 archangel, '대주교'는 archbishop이다.

monarch

[mánərk]

명 (전제) 군주

monarchy **명** 군주제, 왕실

The role of the monarch is symbolic.
군주의 역할은 상징적이다.

mon (하나) + arch (우두머리)
➡ **우두머리가 하나뿐인**

patriarchy

[péitriàːrki]

명 가부장제, 부계 사회

patriarch **명** 가부장, 장로

matriarchy **명** 모계 사회

The society is based on patriarchy.
그 사회는 가부장제에 기초한다.

patr (아버지) + arch (우두머리) + y (명·접)
➡ **아버지가 가족의 우두머리인 것**

archaic

[ɑːrkéiik]

형 낡은, 고대의

This is an archaic word.
이것은 고어이다.

archa (머리) + ic (형·접)
➡ **머리의** ➡ **앞의**

archeology

[àːrkiálədʒi]

명 고고학

archeological **형** 고고학의

archeologist **명** 고고학자

The professor is an authority on archeology.
그 교수는 고고학 분야의 권위자다.

arch (머리) + logy (학문)
➡ **이전 시대의 학문**

8-8   log(ic), loqu = 말, 논리, 말하다

il logical

[ilάdʒikl]

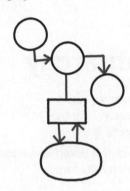
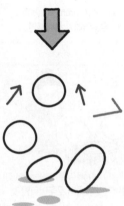

i(l) (아닌) + **logic** (논리) + **al** (형·접)

➡ 논리적이지 않은

형 비논리적인

관련어휘 ➡ **logical** 형 논리적인
logic 명 논리

His opinion is illogical.
그의 의견은 비논리적이다.

She made a logical explanation.
그녀는 논리적인 설명을 했다.

어원 메모

'로고(logo)'는 기업이나 조직의 브랜드 명을 디자인화한 것인데, 그리스어에서 '말'을 뜻하던 것에서 유래한다. '서문', '서막'은 '프롤로그(prologue)', '1인극'은 '모놀로그(monologue)', '맺음말'은 '에필로그(epilogue)', 상품과 전시물 등을 모두 나열한 '카탈로그(catalog)' 등이 있다. biology(생물학), ecology(생태학), geology(지질학) 등에서 logy는 접미사로서 '학문'이라는 의미가 된다.

psychology

psycho (마음) + logy (학문)
➡ 마음에 관한 학문

[saikálədʒi]
명 심리학
psychological 형 심리적인
psychologist 명 심리학자

I majored in psychology in college.
나는 대학에서 심리학을 전공했다.

apology

apo (떨어져) + log (말) + y (명·접)
➡ 죄나 벌에서 멀어지는 말

[əpálədʒi]
명 사과, 사죄
apologize 동 사과하다
apologetic 형 사죄하는, 미안해하는

He made an apology for being late.
그는 늦은 것에 대해 사과를 했다.

eloquent

e (밖에) + loqu (말하다) + ent (형·접)
➡ 밖을 향해 힘주어 말하는

[éləkwənt]
형 웅변을 잘 하는, (표정이) 감정을 드러내는
eloquence 명 웅변

He is known as an eloquent politician.
그는 웅변을 잘 하는 정치가로 알려져 있다.

colloquial

co(l) (함께) + loqu (말하다) + ial (형·접)
➡ 함께 말하는

[kəlóukwiəl]
형 일상 대화체의, 구어의

This is a very colloquial expression.
이것은 매우 구어적인 표현입니다.

Chapter

9

de-, sub-
(아래에)

de-, sub-
(아래에)

de는 라틴어로 '아래에'가 기본 뜻으로, 거기서 변화되어 '분리'나 '부정'의 의미도 가진다. 또한 그 장소에서 사라지는 이미지로부터 '완전히'라는 뜻으로도 사용된다. **sub**은 라틴어에서 유래하여 '아래에', '아래에서 위로'라는 의미이며, 뒤에 오는 글자에 따라 **suc**, **suf**, **sug**, **sup**, **sus** 등으로 변화한다.

subculture
[sʌ́bkʌltʃər]

sub (아래에) + **culture** (문화)
➡ 아래 문화
명 하위 문화

어원 메모

'문화' culture는 「경작하다(cult) + 것(ure)」으로, '마음을 기르는 것'이란 의미에서 유래한다. 토지를 경작하는 '농업'은 agriculture, 물을 사용하여 물고기나 해조류를 기르는 '양식'은 aquaculture, 어원 그대로 '경작하다'라는 뜻의 동사는 cultivate이다. '식민지'를 뜻하는 colony도 같은 어원이다.

subdivision
[sʌ́bdəvìʒən]

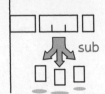

어원 메모

division(분할)의 동사는 divide(나누다)로 라틴어 「떨어져(di) + 나누어지다(vide)」에서 유래했다. devise는 기호에 맞게 나누는 것에서 '고안하다'라는 뜻이며, 명사 device는 고안된 '장치'나 '도구'를 의미한다.

sub (아래에) + **division** (분할) ➡ 아래에서 분할하는 것
명 세분화, 다시 나눔

demolish
[dimáliʃ]

de (아래에) + **mole** (덩어리) + **ish** (동·접)
➡ 덩어리를 부수다
동 파괴하다, 분쇄하다

dementia
[diménʃə]

de (떨어져) + **men** (생각하다) + **ia** (증상)
➡ 기억에서 멀어지는 증상
명 치매

deny
[dinái]

de (완전히) + **ny** (아닌)
➡ 완전히 부정하다
동 부정하다
denial **명** 거부, 부정

detox
[díːtɑːks]

de (떨어져) + **tox** (독)
➡ 독을 떼어 내다
명 해독 **동** 해독하다

subeditor
[sʌbédətər]

sub (아래에) + **editor** (편집자)
➡ 편집자 밑에서 일하는 사람
명 편집부원, 교열자

subdue
[səbd(j)úː]

sub (아래에) + **due** (=**duce** 이끌다)
➡ 아래에 이끌다
동 정복하다, 진압하다

9-1　gest = 운반하다

sug**gest**

[səgdʒést]

su(g) (아래에) + **gest** (운반하다)

➡ 아래로 운반하다

동 제안하다, 시사하다

관련어휘 ➡ **suggestion** 명 제안
suggestive 형 연상시키는, 시사하는

I suggest we start immediately.
저는 저희가 즉시 출발할 것을 제안합니다.

Do you have any suggestions?
어떤 제안이라도 있나요?

어원 메모

말을 하지 않고 몸짓이나 손짓 등 동작으로 표현하는 것을 '제스처'라고 말하는데, gesture 의 어원은 「운반하다·움직이다(gest) + 것(ure)」이다. '농담'을 뜻하는 jest도 같은 어원 이다.

congested

[kəndʒéstid]

형 붐비는, 혼잡한

congestion 명 밀집, 혼잡, 정체

This road is always congested.
이 도로는 항상 혼잡하다.

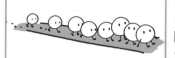

con (함께) + gest (운반하다) + ed (된)
➡ 함께 운반된

---

digest

동 [daidʒést] 명 [dáidʒest]

동 소화하다, (내용을) 이해하다

명 요약

digestion 명 소화

digestive 형 소화의

This is easy to digest.
이것은 소화하기 쉽다.

dis (떨어져) + gest (운반하다)
➡ 위장에서 떨어진 곳으로 운반하다

---

exaggerate

[igzǽdʒərèit]

동 과장하다, 부풀려서 말하다

exaggeration 명 과장, 부풀려 말하는 것

Don't exaggerate.
엄살 부리지 말아라.

ex (완전히) + a(g) (~ 쪽으로) + ger
(운반하다) + ate (동·접)
➡ 너무 많이 운반하다

---

register

[rédʒistər]

동 등록하다, 기록하다

명 등록부, 기록부

How can I register a marriage?
혼인 신고는 어떻게 하면 됩니까?

re (다시) + gist (운반하다) + er (된)
➡ 원래대로 운반된
➡ 보관해 두다

205

9-2 scend = 오르다

descend

[disénd]

de (아래에) + **scend** (오르다)

➡ 내려가다

동 **내려가다, 하강하다**

관련어휘 ➡ **descend** 명 내려감, 내리막, 가계

It's time to descend the mountain.
산을 내려갈 시간이다.

She's an American of Chinese descent.
그녀는 중국계 미국인이다.

어원 메모

scale에는 '규모, 범위' 외에 '단계, 눈금'이라는 의미가 있으며, 동사로는 사다리나 절벽 등을 '올라가다'라는 의미가 있다. '에스컬레이터(escalator)'는 '사다리 오르기'라는 뜻의 프랑스어 escalade와 '엘리베이터(elevator)'가 조합되어 생겨난 말로, 여기서 '상승하다'라는 의미의 동사 escalate가 만들어졌다.

a (~쪽으로) + scend (오르다)
➡ 올라가는 쪽으로

ascend

[əsénd]

동 올라가다, 상승하다

ascent 명 올라감, 오르막, 상승

Our plane is ascending into the clouds.

우리 비행기는 구름 속으로 상승하고 있다.

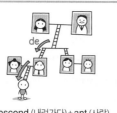

descend (내려가다) + ant (사람)
➡ 가계를 이어 내려가는 사람

descendant

[diséndənt]

명 자손, 후손

He is a direct descendant of King Edward.

그는 Edward 왕의 직계 자손이다.

trans (넘어서) + scend (오르다)
➡ 넘어서 올라가다

transcend

[trænsénd]

동 초월하다, 능가하다

transcendental 형 초월한, 우월한

Her beauty transcends the whole universe.

그녀의 아름다움은 온 우주를 초월한다.

con (함께) + de (아래에) + scend
(오르다) + ing (하고 있는)
➡ 함께 아래까지 내려와 주는

condescending

[kàndiséndiŋ]

형 잘난 체 하는, 거만한

His manner is always condescending.

그의 태도는 언제나 거만하다.

207

9-3 pic, pig = 그리다, 새기다

depict
[dipíkt]

de (아래에) + **pict** (그리다)

➡ 그려서 내놓다

동 그리다, 묘사하다

관련어휘 ➡ **depiction** 명 묘사

Her novel depicts life in Bali.
그녀의 소설은 발리에서의 삶을 묘사한다.

The coin has a depiction of Queen Elizabeth II on it.
그 동전에는 엘리자베스 2세 여왕의 묘사가 있다.

어원 메모

'그림', '사진'을 뜻하는 picture, '그리다'를 뜻하는 paint는 인도유럽어 조어에서 '새기다'라는 뜻의 peig에서 유래했다. picture는 동사로 '마음에 그리다', '상상하다'라는 뜻도 있다. '빨간 피망'을 뜻하는 pimento는 '색을 칠한 것'이 원래 뜻. 1파인트(pint)는 약 0.5리터의 양으로, 그 양을 나타내기 위해 맥주잔 등에 표시를 새겼던 것에 유래한다.

picturesque

[pìktʃərésk]

형 그림같이 아름다운

This is a picturesque lake, isn't it?
이것은 그림같이 아름다운 호수네요, 그렇죠?

picture (그림) + esque (같은)
➡ 그림 같은

pictorial

[piktɔ́:riəl]

형 그림이 있는, 그림[사진]의

This is a pictorial book of flora.
이것은 식물도감입니다.

picture (그림) + ial (형·접)
➡ 그림 같은

pigment

[pígmənt]

명 그림물감, 안료

The artist uses natural pigments in his work.
그 작가는 작업할 때 천연물감을 사용한다.

pig (그리다) + ment (명·접)
➡ 그리는 것

pictogram

[píktəgræm]

명 그림 문자, 상형 문자(= pictograph)

What does this pictogram mean?
이 상형 문자는 무엇을 의미하나요?

picto (그림) + gram (그리다)
➡ 그림을 그리다

9-4   spic(e) = 보다

de**spise**

[dispáiz]

de (아래에) + **spice** (보다)

➡ 아래로 보다

동 경멸하다, 몹시 싫어하다

Do you despise me?
저를 싫어하시나요?

I sometimes despise myself these days.
요즘에 나는 가끔 자기혐오를 느낀다.

어원 메모

중세 유럽에서 금이나 은과 동등한 가치를 지닌 것으로 귀하게 여겨졌으며, 약으로도 사용되어 온 spice(향신료)는 '겉모습', '종류'를 뜻하던 라틴어 species에서 유래한다. 또 '스파이(spy)'는 동사로 '몰래 보다'라는 의미가 있다. '스페셜(special)'은 '눈에 띄는'이라는 뜻에서 '특별한'이라는 의미가 있다.

specialize

special (특별한) + ize (동·접)
➡ 특별하게 만들다

[spéʃəlàiz]
동 전문으로 하다, 전공하다
special **형** 특별한
specialty **명** 전문, 특제 요리
specialist **명** 전문가

She specializes in politics.
그녀는 정치학을 전공한다.

---

conspicuous

con (완전히) + spic (보다) + uous (형·접)
➡ 눈에 띄는

[kənspíkjuəs]
형 이목을 끄는, 눈에 띄는

Put it in a conspicuous place.
그것을 눈에 띄는 곳에 넣으세요.

---

auspicious

aus (새) + spic (보다) + ious (형·접)
➡ 새의 움직임을 보고 점을 치는

[ɔːspíʃəs]
형 길조의, 순조로운
inauspicious **형** 불길한, 재수 없는

They have made an auspicious start.
그들은 순조로운 출발을 했다.

---

specimen

speci (보다) + men (명·접)
➡ 보는 물건

[spésəmən]
명 표본, 샘플(= sample)

This is a rare specimen.
이것은 흔치 않은 표본입니다.

9-5   vour = 삼키다

de**vour**

[diváuər]

de (아래에) + **vour** (삼키다)

➡ 삼켜버리다

동 게걸스럽게 먹다, 열중하여 읽다, 파괴하다

The lion devoured its prey.
사자는 사냥감을 게걸스럽게 먹었다.

She spent all day devouring a novel.
그녀는 소설을 열중하여 읽으며 하루를 다 보냈다.

어원 메모

devour는 인도유럽어 조어에서 '음식', '게걸스럽게 먹다'라는 뜻의 gwora에 유래한다. '배를 한가득 채우다'라는 뜻의 동사 gorge는 '식도'라는 의미에서 변화하여 '(통로를) 막는 것', '협곡'의 의미로도 사용된다.

voracious

[vɔːréiʃəs]

형 많이 먹는, (식욕이) 왕성한

He has a voracious appetite.

그는 왕성한 식욕을 갖고 있다.

vora (삼키다) + ious (형·접)
➡ 삼키는 듯한

carnivorous

[kɑːrnívərəs]

형 육식의

carnivore 명 육식 동물

This is not a carnivorous animal.

이것은 육식 동물이 아니다.

carn (고기) + vor (삼키다) + ous (형·접)
➡ 고기를 삼키는

herbivorous

[həːrbívərəs]

형 초식의

herbivore 명 초식 동물

They were herbivorous dinosaurs.

그것들은 초식 공룡이었다.

herb (풀) + vor (삼키다) + ous (형·접)
➡ 풀을 삼키는

omnivorous

[ɑːmnívərəs]

형 잡식의, 무엇이든 흥미를 가지는

omnivore 명 잡식 동물

He is an omnivorous reader.

그는 무엇이든 가리지 않고 읽는 사람이다.

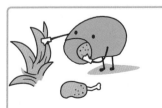

omni (많이) + vor (삼키다) + ous (형·접)
➡ 무엇이든 삼키는

9-6 liber = 자유

de**liver**

[dilívər]

de

de (떨어져) + liver (자유)

➡ 손을 놓다

동 배달하다, 전달하다

관련어휘 ➡ delivery 명 배달, 전달

Can you deliver this to my house?
이것을 저희 집으로 배달해 주시겠습니까?

How much is the delivery charge?
배달 요금은 얼마입니까?

어원 메모

서아프리카 라이베리아(Liberia) 공화국은 미국에서 해방된 흑인 노예에 의해 세워진 나라로, Liberia는 '자유로운 나라'를 의미한다. 또 배구에서 '리베로(libero)'는 수비를 전문으로 뛰는 선수로, 심판의 허락을 받지 않고도 후위 선수와 자유롭게 교대가 가능한 것에서 유래한다.

liberal

[líbərəl]

형 진보적인, 자유주의의, 관대한
명 자유주의자

liber (자유) + al (형·접)
→ 자유로운

His father is liberal.
그의 아버지는 관대하다.

---

liberty

[líbərti]

명 자유

liber (자유) + ty (명·접)
→ 자유로운 상태

Where's the Statue of Liberty?
'자유의 여신상'은 어디에 있습니까?

---

liberalism

[líbərəlìzm]

명 자유주의

liberal (자유로운) + ism (주의)
→ 자유주의

He's a man of liberalism.
그는 자유주의적인 사람이다.

---

liberation

[lìbəréiʃən]

명 해방 (운동)
liberate 동 해방시키다

liber (자유) + ate (동·접) + ion (명·접)
→ 자유롭게 하는 것

The women's liberation movement took place in the 1970s.
여성 해방 운동은 1970년대에 일어났다.

9-7 popul, publ = 사람들

depopulate

[diːpápjəlèit]

de (아래에) + **popul** (사람들) + **ate** (동·접)
➡ 사람들의 숫자를 감소시키다

동 인구를 감소시키다

관련어휘 ➡ **depopulation** 명 인구 감소

The epidemic depopulated this region.
전염병이 이 지역의 인구를 감소시켰다.

Rural depopulation is a matter of serious concern.
시골 인구 감소는 심각히 우려되는 사안이다.

어원 메모

'사람들'이나 '국민'을 뜻하는 people은 라틴어로 '사람들'이라는 뜻의 populus에서 유래한다. '인구'는 population이다. '술집'은 미국에서 '바(bar)'라고 하지만, 영국에서는 '펍(pub)'이라고 부르는데, 이는 public house의 줄인 말로 '사람들이 이용하는 집'이 원래 뜻이다.

publ (사람들) + ic (형·접) + ish (동·접)
➡ 사람들의 ➡ 사람들에게 알리다

publish
[pʌ́bliʃ]

동 출판하다, 게재하다, 발표하다
publisher 명 출판사, 발행자
publication 명 출판(물), 발표

He has never published a book.
그는 한 번도 책을 출판한 적이 없다.

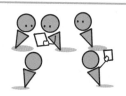

publ (사람들) + ic (형·접) + ity (명·접)
➡ 사람들에게 알리는 것

publicity
[pʌ̀blísəti]

명 관심, 광고, 홍보
public 형 일반인의, 공공의

My job is to do the show's publicity.
내 일은 그 쇼를 홍보하는 것이다.

popular (인기가 있는) + ity (명·접)
➡ 인기가 있는 것

popularity
[pɑ̀pjələǽrəti]

명 인기
popular 형 인기 있는

The president's popularity has declined.
대통령의 인기는 떨어졌다.

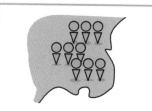

popul (사람들) + ate (동·접) + ed (된)
➡ 사람들이 살고 있는

populated
[pɑ́pjəleitid]

형 주민이 있는, 인구가 있는

This is the most densely populated area.
이곳은 가장 인구가 밀집한 지역이다.

217

9-8　term(in) = 한계, 경계

de**termine**

[ditə́ːrmən]

de

de (떨어져) + **termin** (한계)

➡ 어지러운 마음에 경계를 긋다

동 **결심하다**

관련어휘 ➡ **determination** 명 결심, 결정, 결단력

I'm determined to study abroad.
저는 해외에서 공부하기로 결정했습니다.

He is a man of determination.
그는 결단력 있는 사람이다.

어원 메모

버스나 기차의 종착역은 '터미널(terminal)'인데, 이는 라틴어로 '한계', '경계'를 의미하는 terminus에서 유래한다. terminal care는 '말기 간호', '터미네이터(terminator)'는 '끝을 내는 것'이 원래 뜻이다. 명사 term은 '기간, 학기, 조건, 전문 용어' 등의 의미가 있다.

terminate

[tə́:rmənèit]

[동] 끝내다, 종료하다, 해고하다

termination [명] 종료, 결말

I have the right to terminate the contract.

나는 계약을 종료할 권리가 있다.

termin (한계) + ate (동·접)
➡ 끝을 내게 하다

exterminate

[ikstə́:rmənèit]

[동] 전멸시키다, 모조리 없애다

extermination [명] 전멸, 박멸

The poison was used to exterminate moths.

나방 박멸에 독이 사용되었다.

ex (밖에) + termin (한계) + ate (동·접)
➡ 한계 밖으로 내쫓다

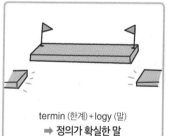

terminology

[tə̀:rmənálədʒi]

[명] 전문 용어

This book is full of terminology.

이 책은 전문 용어로 가득하다.

termin (한계) + logy (말)
➡ 정의가 확실한 말

interminable

[intə́:rmənəbl]

[형] 끝없이 계속되는

This meeting seems interminable.

이 회의는 오래 지속될 것 같다.

in (아닌) + term (한계) + able (형·접)
➡ 한계가 없는

9-9 lude = 놀다, 장난치다

delude

[dilúːd]

de (아래에) + **lude** (장난치다)

➡ 아래에서 갖고 놀다 ➡ 아래에서 속이다

동 속이다, 착각하게 하다

관련어휘 ➡ **delusion** 명 착각, 망상
delusive 형 헷갈리는, 망상적인

He deluded her into believing it.
그는 그녀를 속여서 그것을 믿게 했다.

Love is nothing but a delusion.
사랑이란 그저 착각에 지나지 않는다.

어원 메모

환상적이고 거대한 마술쇼를 illusion이라고 하는데, 이는 「안에서(i(l)) + 놀다·장난치다
(lus) + 것(ion)」이 원래 뜻이다. '전주곡'을 뜻하는 prelude는 「앞에(pre) + 놀다(lude)」,
'간주곡' interlude는 「사이에(inter) + 놀다(lude)」가 어원이다.

illusion

[ilúːʒən]

[명] 착각, 환상

illusionist [명] 마술사
illusory [형] 착각의

This is an optical illusion.
이것은 착시입니다.

i(l) (안에)+lus (놀다)+ion (명·접)
➡ 사람들을 놀리는 것

allude

[əlúːd]

[동] 넌지시 말하다, 암시하다

allusion [명] 암시
allusive [형] 암시적인

He alluded to his engagement.
그는 약혼을 암시했다.

a(l) (~쪽으로)+lude (장난치다)
➡ 이쪽으로 오라고 장난치다

elude

[ilúːd]

[동] 피하다, 빠져나가다

elusive [형] 잡기 힘든, 이해하기 힘든

The suspect eluded the police for one month.
그 용의자는 한 달 동안 경찰을 피해 다녔다.

e (밖에)+lude (장난치다)
➡ 바깥으로 장난치다

collusion

[kəlúːʒən]

[명] 공모, 결탁

collude [동] 공모하다

The police were in collusion with the criminals.
경찰은 범인들과 공모했다.

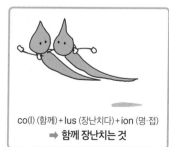

co(l) (함께)+lus (장난치다)+ion (명·접)
➡ 함께 장난치는 것

9-10 sert = 연결하다, 나란히 하다

desert

동 [dizə́ːrt] 명 [dézərt]

de (아닌) + **sert** (연결하다)

➡ 연결하지 않다 ➡ 잘라버리다

동 버리다, 떠나다 명 사막

She deserted me for another man.
그녀는 다른 남자에게로 나를 버리고 갔다.

The plane crashed in the desert.
그 비행기는 사막에 추락했다.

어원 메모

순서대로 이어지는 '연속(물)'을 뜻하는 '시리즈(series)'는 '나란히 하다'라는 뜻의 인도유럽어 조어 ser에서 유래한다. 엑셀에서 데이터를 나란히 정렬하는 것을 의미하는 sort도 같은 어원이다. 여러 가지 종류의 초콜릿을 나란히 놓고 파는 것은 an assortment of chocolates이다.

as(ad)

a(s) (~에) + sert (연결하다)
➡ **자신의 의견을 연결하다**

assert

[əsə́:rt]

동 단언하다, 주장하다
assertion **명** 단언, 주장
assertive **형** 자기 주장이 강한

He asserted his innocence.
그는 자신의 결백을 주장했다.

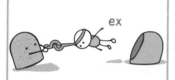

ex

ex (밖에) + sert (연결하다)
➡ **밖에서 연결하다**

exert

[igzə́:rt]

동 노력하다, (힘을) 발휘하다
exertion **명** 노력, 발휘

You should exert all your effort.
당신은 모든 노력을 다해야 합니다.

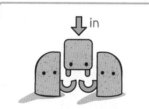

in

in (안에) + sert (연결하다)
➡ **안에 연결하다**

insert

[insə́:rt]

동 삽입하다, 넣다
insertion **명** 삽입, 끼워 넣기

Insert a coin into the slot.
투입구에 동전을 하나 넣으세요.

con (함께) + sort (나란히 하다)
➡ **함께 나란히 있다**

consort

명 [kánsɔːrt]　**동** [kənsɔ́:rt]
명 (통치자의) 배우자, 동행 선박
동 어울리다, 일치하다

Don't consort with bad pepole.
나쁜 사람들과 사귀지 말아라.

Chapter

re-

(다시, 뒤로, 완전히)

re-
(다시, 뒤로, 완전히)
접두사 **re**는 라틴어로 '다시', '되돌려서', '뒤로', '완전히' 등의 의미가 있다.

remedy
[rémədi]

re (다시) + **med** (고치다) + **y** (명·접)
➡ 여러 번 다시 고치는 것
명 치료법, 해결책

어원 메모

medicine은 '약, 의학', medical은 '의학의', medication은 '약물 (치료)'를 뜻하는데, 이처럼 med는 라틴어로 '고치다'라는 뜻에서 유래한다.

---

reveal
[rivíːl]

어원 메모

머리에 쓰는 '베일(veil)'은 동사로 '가리다', '베일로 덮다' 등의 의미가 있는데, 이는 라틴어에서 '덮다'라는 뜻의 velare에서 유래한다. unveil(밝히다)은 「아닌 (un) + 덮다(veil)」로 reveal과 같은 의미를 가진다.

re (반대로) + **veil** (덮다) ➡ 덮었던 것을 들추다
동 밝히다

return
[ritə́ːrn]

re (다시) + **turn** (돌다) ➡ 다시 돌다
동 돌아오다, 반납하다
명 돌아옴, 반납

record
명 [rékərd] 동 [rikɔ́ːrd]

re (다시) + **cord** (마음)
➡ 다시 마음에
명 기록 동 기록하다

refresh
[rifréʃ]

re (다시) + **fresh** (신선한)
➡ 다시 신선하게 하다
동 생기를 되찾게 하다

refuge
[réfjuːdʒ]

re (뒤로) + **fuge** (도망가다)
➡ 뒤로 도망가다
명 피난(처), 대피(처)

report
[ripɔ́ːrt]

re (다시) + **port** (운반하다)
➡ 현장에서 원래 장소로 가져오다
명 보고(서) 동 보고하다

rejoice
[ridʒɔ́is]

re (완전히) + **joy** (기쁨)
➡ 완전히 기뻐하다
동 크게 기뻐하다

10-1   marg, mark = 경계, 표시

re**mark**

[rimáːrk]

re (완전히) + mark (표시)

➡ 확실히 표시하는 것

명 발언, 언급   **동** 언급하다, 의견을 말하다

You should ignore his remark.
그의 발언은 무시하는 것이 좋다.

He remarked on the beauty of the scenery.
그는 경치의 아름다움에 대해 언급했다.

어원 메모

북유럽 국가 덴마크(Denmark)의 국가명은 9세기부터 11세기에 걸쳐 영국에 침입했던 스칸디나비아의 '데인(Danes) 족'이 '표시한 경계'라는 뜻에서 유래한다. 덴마크에서 처음 만들어진 파이처럼 바삭한 빵은 Danish pastry이다. '행진(하다)', '빠르게 걷다'를 뜻하는 march는 '발자국을 남기며 걷다'가 원래 뜻이다.

remarkable

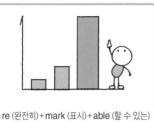

re (완전히) + mark (표시) + able (할 수 있는)
➡ 확실하게 표시할 수 있는

[rimáːrkəbl]
형 주목할 만한, 놀랄 만한

She made remarkable progress in English.

그녀는 영어에서 놀랄 만한 발전을 했다.

---

landmark

land (땅) + mark (표시)
➡ 땅에 표시한 것

[lǽndmàːrk]
명 랜드마크(알아보기 쉬운 장소), 획기적인 사건

Are there any landmarks near your house?

당신 집 근처에 랜드마크가 있나요?

---

margin

➡ 한계 ➡ 가장자리
➡ 남는 부분 ➡ 이익

[máːrdʒin]
명 여백, 이익, 여유

Will you make a comment in the margin?

여백에 의견을 써 주시겠습니까?

---

demarcation

de (완전히) + marc (경계) + ate (동·접)
+ ion (명·접)
➡ 경계를 확실히 하는 것

[dìːmɑːrkéiʃən]
명 구분, 구별, 경계

There is no demarcation between men and women.

남녀의 구별은 없다.

10-2　circ, searc = 돌다, 굽히다, 원, 바퀴

research

동 [risə́:rtʃ]　명 [rí:sə̀:rtʃ]

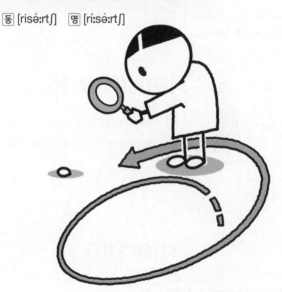

re (다시) + **search** (찾다)

➡ 여러 번 찾아다니다

동 연구하다, 조사하다　명 연구

This book is well-researched.
이 책은 잘 연구되어 있다.

The research is being done by a famous doctor.
그 연구는 한 유명한 의사에 의해 행해지고 있다.

어원 메모

'서클(circle)'의 어원은 「돌다(circ) + 작은 것(cle)」으로, 한 바퀴를 빙 도는 것에서 '원', 많은 사람들이 바퀴살처럼 안쪽을 향해 둘러앉은 이미지에서 '집단', '단체'라는 의미가 있다. '서킷(circuit)'의 어원은 「돌다(circ) + 가다(it)」로, '순회, 일주'라는 의미가 있다.

→ 빙 돌다
→ 찾으러 돌아다니다

search

[sə́ːrtʃ]

동 찾다, 수색[검색]하다
명 수색, 검색

The police searched for the missing boy.
경찰은 사라진 소년을 수색했다.

circum (원) + fer (운반하다) + ence (명·접)
→ 주변을 옮기는 것

circumference

[sərkʌ́mfərəns]

명 원주, 둘레, 주변

Calculate the circumference of this circle.
이 원의 둘레를 계산하시오.

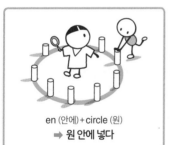

en (안에) + circle (원)
→ 원 안에 넣다

encircle

[insə́ːrkl]

동 둘러싸다

His house is encircled by a brick wall.
그의 집은 벽돌 벽으로 둘러싸여 있다.

circle (원) + ate (동·접)
→ 원처럼 돌다

circulate

[sə́ːrkjəlèit]

동 순환하다
circulation 명 순환, 판매 부수
circular 형 원형의, 순환하는

Blood circulates through the body.
혈액은 온몸을 순환한다.

10-3 ward, ware, guard = 보다, 주의

regard

[rigá:rd]

re (완전히) + **gard** (보다)

➡ 자세히 보다

동 여기다, 간주하다, 평가하다 명 배려, 존경, 관점

관련어휘 ➡ **regarding** 전 ~와 관련하여
regardless of 전 ~와 상관없이

He is regarded as a hero.
그는 영웅으로 간주되고 있다.

We'll go hiking regardless of the weather.
우리는 날씨에 상관없이 하이킹을 갈 것입니다.

어원 메모

전위 예술을 '아방가르드(avant-garde)'라고 하는데, 이는 프랑스어에서 유래한 말로 '앞을 보며 지키다'가 원래 뜻이다. garde는 영어에서 guard가 되어 '경비원', '감시'라는 의미가 있고, 또한 guardian은 '지켜보는 사람'이라는 뜻에서 '후견인'이라는 의미가 되었다.

beware

[biwéər]

동 조심하다, 주의하다

Beware of pickpockets.
소매치기를 조심하세요.

be (~이 되어라) + ware (보다)
➡ **보고 있어라**

aware

[əwéər]

형 의식하고 있는
awareness 명 의식, 아는 것

I wasn't aware of his presence.
나는 그의 존재를 의식하지 못했다.

a (~쪽으로) + ware (보다)
➡ **~쪽을 보다**

award

[əwɔ́ːrd]

동 수여하다
명 상

She was awarded the Nobel Peace Prize.
그녀는 노벨 평화상을 받았다.

a (~쪽으로) + ward (보다)
➡ **사람의 행동을 보다**

reward

[riwɔ́ːrd]

동 보수를 주다, 보답[보상]하다
명 보수, 보상

Your efforts will be rewarded.
당신의 노력은 보상받을 것이다.

re (완전히) + ward (보다)
➡ **사람의 행동을 자세히 보다**

10-4 lax, lease = 느슨해지다, 풀다

release

[rilíːs]

re (다시) + **lease** (풀다)

➡ 원래 상태로 되돌리다

동 석방하다, 공개하다   명 석방, 공개, 발표

The hostages were released.
그 인질들은 석방되었다.

It is already on general release.
그것은 이미 일반에 공개되어 있다.

어원 메모

lease는 인도유럽어 조어로 '느슨해지다'라는 의미의 sleg에서 유래한 것으로, '슬랙스 (slacks)'는 '헐렁한 바지'가 원래 뜻이다. '느긋하다', '긴장을 풀다'라는 뜻의 relax는 「다 시(re) + 풀다(lax)」가 어원. 피부 미용이나 마사지에서 자주 사용되는 말인 relaxation은 '휴식'을 의미한다.

lease

[líːs]

동 임대하다, 대여하다
명 임대차 계약

I'm thinking of leasing this cottage.
저는 이 시골집을 임대하려고 생각하고 있어요.

➡ 규칙을 느슨하게 하다

lang (느슨해지다) + ish (동·접)
➡ 느슨해지다

languish

[læŋgwiʃ]

동 기운이 빠지다, 약해지다

The economy continued to languish.
경기는 계속하여 침체되었다.

lang (느슨해지다) + id (형·접)
➡ 느슨한

languid

[læŋgwid]

형 힘없는, 나른한

The weather made him languid.
날씨는 그를 나른하게 만들었다.

➡ 규칙, 규율이 느슨한

lax

[læks]

형 느슨한, 해이한

The security is lax.
보안이 느슨하다.

10-5   pen, pain= 벌, 고통

repent

[ripént]

re (완전히) + **pent** (고통)

➡ 괴로워하다

동 후회하다, 뉘우치다

관련어휘 ➡ **repentant** 형 후회하는
repentance 명 뉘우침, 후회

Repent your sins.
죄를 뉘우쳐라.

Be repentant of your sins.
죄를 뉘우쳐라.

어원 메모

축구에서 '페널티 킥(penalty kick, PK)'은 중대한 반칙을 했을 때 상대팀에 주어지는 직접 프리 킥을 말하는데, penalty는 상대에 대한 '자신의 죄를 씻는 것'이 원래 뜻이다. '벌'은 고통을 동반하므로 pain은 명사로 '고통'을 의미하며, painful은 형용사로 '괴로운'이라는 의미이다.

punish

[pʌniʃ]

동 처벌하다, 벌주다

punishment 명 처벌

You will be punished.
당신은 처벌받을 것입니다.

pun (벌) + ish (동·접)
➡ 벌을 주다

painstaking

[péinztèikiŋ]

형 정성을 들인, 공들인

They made a painstaking examination of the evidence.
그들은 그 증거를 공들여 조사했다.

pains (고통) + taking (가지고 있는)
➡ 고통을 수반하는

penitent

[pénitənt]

형 후회하는, 뉘우치는

They should be penitent.
그들은 뉘우쳐야 한다.

peni (고통) + ent (형·접)
➡ 괴로워하는

impunity

[impjúːnəti]

명 처벌을 받지 않음

He behaved badly with impunity.
그는 나쁘게 행동했지만 벌을 받지는 않았다.

im (아닌) + pun (벌) + ity (명·접)
➡ 벌을 받지 않는 것

10-6   pute, count= 생각하다, 세다

reputation

[rèpjətéiʃən]

re (다시) + pute (생각하다) + ion (명·접)
➡ 여러 번 사람들이 생각하는 것

명 평판, 명성

관련어휘 ➡ **reputed** 형 평판이 나 있는, (~라고) 알려진

He has a good reputation as a doctor.
그는 의사로서 좋은 평판을 가지고 있다.

He is reputed to be the best doctor in this town.
그는 이 도시에서 최고의 의사로 알려져 있다.

어원 메모

'컴퓨터(computer)'는 라틴어로 「함께(com) + 하나하나 세다(pute)」라는 뜻의 computare에서 유래했다. '세다'라는 뜻의 count도 같은 어원으로, discount는 「아닌 (dis) + 세다(count)」로 '세지 않는다'라는 뜻에서 '할인'이라는 의미가 된다.

dis (떨어져) + pute (생각하다)
➡ **생각을 다르게 하다**

dispute

[dispjúːt]

명 논쟁, 토론

동 논의하다, 이의를 제기하다, 반박하다

They had a dispute about money.

그들은 돈에 관한 논쟁을 벌였다.

de (떨어져) + pute (생각하다) + y (명·접)
➡ **떨어진 장소에서 생각하는 사람**

deputy

[dépjəti]

명 부-, 대리(인)

She was promoted to deputy director.

그녀는 부회장으로 승진되었다.

a(c) (~에) + count (세다)
➡ **세는 것**

account

[əkáunt]

명 계산서, 계좌, 설명

accountant 명 회계사

accountability 명 책임, 설명 의무

I'd like to open an account.

계좌를 개설하고 싶습니다.

re (다시) + count (세다)
➡ **여러 번 세다 ➡ 이야기하다**

recount

[rikáunt]

동 자세히 말하다, 이야기하다

He recounted how he had met his wife.

그는 아내를 어떻게 만났는지 자세히 말했다.

239

10-7 source, surge= 솟아오르다

resources

[ríːsɔ̀ːrsiz]

re (다시) + **source** (솟아오르다) + **s**

➡ 여러 번 솟아오르는 것

명 자원, 재료

관련어휘 ➡ **resourceful** 형 지략이 풍부한

This country is rich in natural resources.
이 나라는 천연 자원이 풍부하다.

They were an energetic and resourceful people.
그들은 활기차고 지략이 풍부한 사람들이었다.

어원 메모

경제·경영 용어인 '아웃소싱(outsourcing)'은 기업이 일부 업무를 외부 전문 업체 등에 위탁하는 것으로, '외부 위탁'이나 '업무 위탁' 같은 말로 번역된다. 「밖에서(out) + 솟아오르는(source) + 것(ing)」에서 유래한다.

source

[sɔ́:rs]

명 근원, 출처, 수원
동 얻다, (공급처를) 구하다

Where's the source of this river?
이 강의 수원은 어디입니까?

➡ 솟아오르는 것

surge

[sə́:rdʒ]

동 급증하다, 밀려들다
명 급증, 솟아오름

Why did oil prices surge?
왜 석유 가격이 급상승했습니까?

➡ 솟아오르다

upsurge

[ʌ́psərdʒ]

명 급증, 고조 **동** 급증하다, 치솟다

There is an upsurge in computer crime.
컴퓨터 범죄에서 급격한 증가가 있다.

up (위에) + surge (솟아오르다)
➡ 위쪽으로 솟아오르다

insurgent

[insə́:rdʒənt]

명 반란자, 폭도

He was tried as an insurgent.
그는 반란자로서 재판을 받았다.

in (안에) + surg (솟아오르다) + ent (사람)
➡ 안에 들어와 일으키는 사람

10-8 spond, spons = 약속하다

respond

[rispánd]

re (다시) + **spond** (약속하다)
➜ 상대에게 약속을 해 주다
동 반응하다, 응답하다

관련어휘 ➜ **response** 명 반응, 응답

She always responds to my e-mail.
그녀는 항상 내 이메일에 답한다.

He gave no response to my e-mail.
그는 내 이메일에 아무런 응답도 주지 않았다.

어원 메모

'스폰서(sponsor)'는 「약속하는(spons) + 사람(or)」에서 유래한 것으로, 원래는 세례 받는 사람의 보증인으로서, 신앙 생활을 지지하는 사람이라는 뜻이다. '광고주', '후원자' 등의 의미로 사용된다. 참고로 이메일 답장에 표시되는 re는 '응답'이라는 의미의 response나 reply의 줄인 말이 아니라, 라틴어로 '~에 관하여'라는 의미의 re에서 유래한 것이다.

responsibility

[rispὰnsəbíləti]

명 책임(감)

responsible 형 책임이 있는

Having a family is a big responsibility.

가정을 꾸리는 것은 큰 책임이다.

response (반응) + ible (할 수 있는) + ity (명·접)
➡ 반응할 수 있는 것

correspond

[kɔ̀ːrəspánd]

동 일치하다, 상응하다, 편지를 주고받다

correspondence 명 교신, 일치, 편지

correspondent 명 통신원, 편지를 쓰는 사람

I used to correspond with Tom.

나는 예전에 Tom과 편지를 주고받았다.

co(r) (함께) + respond (반응하다)
➡ 서로 반응하다

spouse

[spáus]

명 배우자

My spouse was invited to the party.

제 배우자가 파티에 초대되었습니다.

➡ 인생을 서로 약속한 사람

despondent

[dispándənt]

형 낙담한, 기운이 없는

He looks despondent.

그는 낙담한 듯 보인다.

de (아래에, 떨어져) + spond (약속하다) + ent (형·접)
➡ 약속 받지 않은

Chapter

11

ab(ad)-, dis-

(떨어져, 아닌)

ab(ad)-, dis-
(떨어져, 아닌)

ab은 라틴어로 '~에서 떨어져'라는 뜻이다. ab은 m, p, v 앞에서 a로 변화한다. dis 는 라틴어로 '떨어진'이라는 뜻이다. 여기서 변화하여 '아닌'이라는 부정의 의미가 있으며 '완전히'라는 강조의 의미로도 쓰인다.

abhor
[əbhɔ́ːr]

ab (떨어져) + **hor** (떨리다, 공포)
➡ 떨면서 그 장소를 떠나다
동 혐오하다

어원 메모

'공포' horror는 소름 끼칠 정도의 공포가 원래 뜻으로, 형용사 horrible은 '소름 끼치는, 무서운'이라는 뜻이다. horrific, horrendous, horrid 모두 '무서운'이라는 의미의 형용사다. 동사 horrify(몸서리치게 만들다)도 함께 기억해 두자.

disconnect
[dìskənékt]

어원 메모

우리말에서도 특정 상황에서 사람들 간의 관계가 존재할 때 '커넥션이 있다'라고 표현하는데, connection은 「함께(con) + 묶는(nect) + 것(ion)」에서 유래한 말로 '연결, 관계'를 의미한다.

dis (아닌) + **connect** (연결하다) ➡ 연결하지 않다
동 연결을 끊다, 분리하다 **connect** 동 연결하다 **connection** 명 연결, 관계

abominate
[əbámənèit]

ab (떨어져) + **omin** (= **omen** 조짐)
+ **ate** (동·접)
➡ 불길한 조짐에서 멀어지다
동 혐오하다

absolve
[əbzálv]

ab (떨어져) + **solve** (느슨해지다)
➡ 속박에서 멀어져 느슨해지다
동 사면하다, 용서하다
absolution 명 사면, 용서

absence
[ǽbsəns]

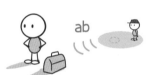

ab (떨어져) + **sence** (존재하는 것)
➡ 어떤 장소에서 떨어져 있는 것
명 부재, 결석

dishonest
[disánəst]

dishonest

honest

dis (아닌) + **honest** (정직한)
➡ 정직하지 않은
형 정직하지 않은, 부정한

dislike
[disláik]

like

dislike

dis (아닌) + **like** (좋아하다)
➡ 좋아하지 않다
동 싫어하다   명 싫음, 반감

discontinue
[diskəntínjuː]

discontinue

continue

dis (아닌) + **continue** (계속하다)
➡ 계속하지 않다
동 중단하다

11-1   vert = 돌다, 향하다, 구부러지다

avert

[əvə́ːrt]

a (= **ab** 떨어져) + **vert** (향하다)

➡ 떨어진 쪽으로 향하다

동 피하다, (다른 곳으로) 돌리다

관련어휘 ➡ **aversion** 명 혐오, 아주 싫어함

The government wanted to avert war.
정부는 전쟁을 피하고 싶어했다.

I have an aversion to black dogs.
나는 검은 개를 아주 싫어한다.

어원 메모

「하나(uni)로 + 돌아가는(verse)」 '우주'나 '세계'를 universe라고 하듯이, vers에는 '돌다'라는 의미가 있다. '대학'을 뜻하는 university도 교수와 학생이 하나가 된 공동체라는 뜻이다. vert도 같은 어근으로, 굽어져 있는 '척추 뼈'는 vertebra이고, '척추동물'은 vertebrate이다.

di (떨어져) + vorce (향하다)
➡ 떨어진 방향을 향하다

divorce

[divɔ́:rs]

동 이혼하다

명 이혼

divorced 형 이혼한

She decided to divorce her husband.

그녀는 남편과 이혼하기로 결심했다.

vert (구부러지다 ➡ vertex = 두 변의 교점)
+ ical (형·접)
➡ 두 변의 교점의 ➡ 정점을 향하는

vertical

[vɛ́:rtikl]

형 수직의, 세로의

The slope seems almost vertical.

그 경사면은 거의 수직으로 보인다.

extro (밖에) + vert (향하다)
➡ 바깥 쪽을 향하는

extrovert

[ékstrəvə̀:rt]

형 외향적인

명 외향적인 사람

introvert 형 내성적인

명 내성적인 사람

My son is a total extrovert.

제 아들은 정말 외향적인 아이입니다.

con (함께) + vert (향하다)
➡ 같은 쪽으로 방향을 바꾸다

convert

동 [kənvə́:rt] 명 [ká:nvə:rt]

동 전환하다, 바꾸다

명 개종자, 전향자

conversion 명 전환, 변화, 개종

The king converted to Protestantism.

그 왕은 개신교로 개종했다.

11-2 ant, anc = 앞, 이마

advance

[ədvǽns]

adv (~에서 떨어져) + **ance** (앞)

➡ 앞에서 나아가다

명 전진, 발전   동 진전시키다

관련어휘 ➡ **advanced** 형 진보한, 고급의

You should have told her in advance.
당신은 미리 그녀에게 말했어야 했어요.

Advance two more steps.
두 걸음 더 가세요.

어원 메모

이탈리아 요리에서 수프나 파스타 앞에 나오는 '전채'를 antipasto라고 하는데, 이는 「앞에(anti) + 음식(pasto)」이 어원이다. '오전' a.m.은 ante meridiem의 축약형으로 '정오(meridiem) 앞(ante)'을 뜻하고, '오후' p.m.은 post meridiem의 축약형으로 '정오(meridiem) 뒤(post)'를 뜻한다. 각각 라틴어에서 유래했다.

advantage

[ədvǽntidʒ]

명 유리한 점, 장점

disadvantage 명 불리한 점, 단점[약점]
advantageous 형 유리한

There are many advantages to city life.

도시 생활에는 많은 이점이 있다.

adv (~에서 떨어져) + ant (앞) + age (명·접)
➡ 앞에서 나아가는 것

ancient

[éinʃənt]

형 고대의

Latin is an ancient language.

라틴어는 고대의 언어이다.

anc (앞) + ient (형·접)
➡ 앞의

antique

[æntíːk]

형 골동품인
명 골동품

antiquity 명 아주 먼 옛날, 아주 오래됨

My hobby is collecting antiques.

저의 취미는 골동품 수집입니다.

ant (앞) + ique (형·접)
➡ 앞의

ancestor

[ǽnsestər]

명 선조, 조상

ancestry 명 가계, 혈통

Her ancestors came from Russia.

그녀의 조상은 러시아에서 왔다.

an (앞) + ces (가다) + or (사람)
➡ 먼저 간 사람

11-3 loose, solve = 풀다, 느슨한

absolute

[ǽbsəlùːt]

ab (떨어져) + **solute** (풀다)

➡ 풀려난 ➡ 자유로운

형 완전한, 절대적인

관련어휘 ➡ **absolutely** 부 절대로, 전적으로

I'm an absolute beginner.
저는 완전 초보입니다.

You are absolutely right.
당신이 전적으로 옳아요.

어원 메모

'루스 삭스(loose socks)'는 느슨한 느낌의 양말을 말한다. 동사 lose(잃다), 명사 loss(손실)도 같은 어원이다. 무언가가 없어지는 이미지로부터 careless(부주의한), useless(쓸모없는), homeless(집이 없는)와 같이 '~이 없는'을 의미하는 접미사 less가 생겨났다.

solution

solute (풀다) + ion (명·접)
➡ 푸는 것

[səlúːʃən]
명 해결책, 용해
solve 동 풀다, 해결하다

There's no simple solution to this problem.
이 문제에 간단한 해결책은 없다.

---

resolve

re (완전히) + solve (느슨한)
➡ 어려움을 풀다

[rizálv]
동 해결하다, 결심하다, 결의하다
resolution 명 해결, 결의
resolute 형 단호한

The problem will soon resolve itself.
그 문제는 곧 스스로 해결될 것입니다.

---

dissolve

dis (떨어져) + solve (느슨한)
➡ 풀려서 없어지다

[dizálv]
동 녹다, 녹이다, 분해하다
dissolution 명 해소, 용해

Dissolve the sugar in warm water.
따뜻한 물에 설탕을 녹이세요.

---

loosen

loose (느슨한) + en (동·접)
➡ 느슨하게 하다

[lúːsn]
동 느슨하게 하다, 풀다
loose 형 느슨한, 풀린

Don't loosen your tie.
넥타이를 풀지 마라.

11-4 loc = 장소

dis**locate**

[dísləkèit]

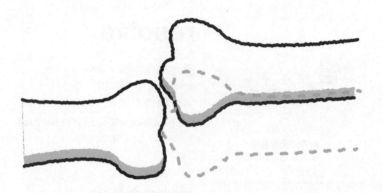

dis (떨어져) + **loc** (장소) + **ate** (동·접)

➡ 떨어진 장소로 가다

동 탈구되다, 혼란에 빠뜨리다

관련어휘 ➡ **dislocation** 명 탈구, 혼란

I dislocated my shoulder.
제 어깨가 빠졌어요.

The typhoon caused considerable dislocation to air traffic.
태풍은 항공 교통에 상당한 혼란을 초래했다.

어원 메모

'지역의', '현지의'라는 의미의 local은 라틴어로 '장소', '위치'를 뜻하는 locus에서 유래한다. '장소, 위치'를 뜻하는 location은 영화 산업에서 '현지 촬영'을 의미하기도 한다. '증기기관차' locomotive는 '장소에서 장소(loco)로의 이동(motive)'이 원래 뜻이다.

loc (장소) + ate (동·접)
➡ 장소에 놓다

locate

[lóukeit]
동 ~에 위치하다(be located), 위치를 찾아내다
location 명 장소, 위치

Gangnam is located in the south-eastern part of Seoul.

강남구는 서울의 남동부에 위치한다.

a(l) (~쪽으로) + loc (장소) + ate (동·접)
➡ 특정 장소에 놓다

allocate

[ǽləkèit]
동 할당하다, 분배하다
allocation 명 할당, 분배

The money was allocated to each member.

그 돈은 각 구성원에게 할당되었다.

re (다시) + loc (장소) + ate (동·접)
➡ 장소를 바꾸다

relocate

[rì:lóukeit]
동 이전하다, 이전시키다
relocation 명 이전

The company relocated to Incheon.

그 회사는 인천으로 이전했다.

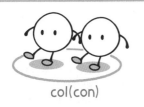

col(con)
co(l) (함께) + loc (장소) + ate (동·접)
➡ 같은 장소에 놓다

collocate

[kálǝkèit]
동 배열[배치]하다, 연어를 이루다
collocation 명 배열, 콜로케이션

"Strong" collocates with "coffee".

'strong'은 'coffee'와 연어를 이룬다.

11-5 turb, stir, stor = 빙빙 돌다, 휘젓다

dis**turb**

[distə́:rb]

dis (완전히) + **turb** (휘젓다)

➡ 완전히 휘젓다

동 방해하다, 불안하게 하다

관련어휘 ➡ **disturbance** 명 방해, 소란, 소동

Don't disturb me.
저를 방해하지 마세요.

He was imprisoned for causing a disturbance.
그는 폭동을 일으킨 죄로 수감되었다.

어원 메모

태풍이 눈을 중심으로 소용돌이치는 것처럼 '폭풍(우) storm'의 어원은 '빙빙 돌다'이다. thunderstorm은 '뇌우', snowstorm은 '눈보라'라는 뜻이다. 집단 내에서 다양한 아이디어를 내면서 문제를 해결해 나가는 방법은 '브레인스토밍(brainstorming)'이다. 형태가 조금 다르지만 '문제, 골칫거리'를 뜻하는 '트러블(trouble)'도 같은 어원이다. 회전하는 힘을 얻는 원동기는 '터빈(turbine)'이다.

stir

[stéːr]
동 젓다, 뒤섞다
명 혼란, 뒤섞기

Stir your coffee.
커피를 저으세요.

→ 휘젓다

---

perturb

[pərtéːrb]
동 불안하게 하다, 동요하게 하다

She seemed a little perturbed.
그녀는 약간 동요하는 것 같았다.

per (통해서) + turb (휘젓다)
→ 완전히 휘젓다

---

troublesome

[trʌ́blsəm]
형 성가신, 골칫거리인

That teacher has a troublesome class.
그 선생님은 골칫거리인 반을 맡고 있다.

trouble (골칫거리) + some (형·접)
→ 골칫거리인

---

turbulence

[tə́ːrbjələns]
명 난기류, 격동
turbulent 형 사나운, 격동의

We encountered severe turbulence during the flight.
우리는 비행 중에 심한 난기류를 만났다.

turb (휘젓다) + ence (명·접)
→ 휘젓는 것

11-6 tribe, tribute = 주다, 나누다

distribute

[distríbjuːt]

dis (떨어져) + **tribute** (주다)

➡ 각각에게 주다

동 나누어 주다, 분배하다, 퍼뜨리다

관련어휘 ➡ **distribution** 명 분배, 분포, 배급

Blankets were distributed to the refugees.
담요가 피난민에게 배부되었다.

Food distribution was difficult.
식량 배급은 어려웠다.

어원 메모

'종족', '부족'을 뜻하는 tribe의 어원은 「셋(tri)이 + 있는(be) 것」으로, 고대 로마인들을 정치와 문화를 기준으로 세 개의 부족, 즉 라틴인(Latins), 사빈인(Sabines), 에트루리아인(Etruscans)으로 나눈 데서 유래한다. 미국 신문 Chicago Tribune의 tribune은 고대 로마 시대 평민회에서 뽑던 '호민관(민중 지도자)'을 뜻한다.

contribute

[kəntríbjuːt]
통 기부하다, 공헌하다
contribution 명 기부금, 공헌

I want to contribute to the company.
나는 회사에 기여하고 싶다.

con (함께) + tribute (주다)
➡ 모두에게 주다

attribute

통 [ətríbjuːt]　명 [ǽtrəbjùːt]
통 ~의 탓으로 돌리다, ~의 것으로 여기다
명 속성, 특질

He attributed his failure to bad luck.
그는 자신의 실패를 불운 탓으로 돌렸다.

a(t) (~쪽으로) + tribute (주다)
➡ 원인을 ~에게 주다

retribution

[rètrəbjúːʃən]
명 징벌, 보복

The disaster was considered divine retribution.
그 재해는 천벌로 간주되었다.

re (다시) + tribute (주다) + ion (명·접)
➡ 되돌려주는 것

tribute

[tríbjuːt]
명 공물, 찬사

They paid tribute to his courage.
그들은 그의 용기에 경의를 표했다.

➡ 세 부족이 평화와 보호의 대가로
바치던 것

11-7   grat, gree= 기뻐하다, 즐기다

disagree

[dìsəgríː]

dis ⬇

dis (아닌) + **a** (~쪽으로) + **gree** (기뻐하다)

➡ ~에 기뻐하지 않다

동 (의견이) 다르다, 반대하다

관련어휘 ➡ **disagreement** 명 불일치, 의견 차이
disagreeable 형 불쾌한, 무례한

I disagree with your opinion.
당신의 의견에 반대합니다.

I've never seen such a disagreeable man.
나는 저렇게 불쾌감을 주는 남자를 한 번도 본 적이 없다.

어원 메모

'고맙습니다'는 이탈리아어로 'Grazie(그라치에)', 스페인어로 'Gracias(그라시아스)'인데, 이들은 라틴어로 '기쁘게 하다', '즐겁게 하다'라는 뜻의 gratus에서 유래했다. 영어에서 grace는 '즐겁게 하다'가 원래 뜻으로, '우아함', '예의 바름'을 의미한다.

a (~쪽으로) + gree (기뻐하다)
➡ ~에 기뻐하다

agree

[əgríː]

동 동의하다, 의견이 일치하다
agreeable 형 기분 좋은
agreement 명 동의, 협정, 승낙

I agree with you.
당신의 의견에 동의합니다.

grat (기뻐하다) + ful (형·접)
➡ 기뻐하는

grateful

[gréitfl]

형 감사하는, 고마워하는

I'm grateful to him.
저는 그에게 감사하고 있어요.

con (함께) + grat (기뻐하다) + ate (동·접)
➡ 함께 기뻐하다

congratulate

[kəngrǽtʃəlèit]

동 축하하다
congratulation 명 축하 (인사)

I congratulate you on your promotion.
승진을 축하드립니다.

grat (기뻐하다) + itude (명·접)
➡ 기뻐하는 것

gratitude

[grǽtətjùːd]

명 감사, 고마움
gratuity 명 봉사료, 팁
gratify 동 기쁘게 하다

This is a token of my gratitude.
이것은 저의 감사의 표시입니다.

11-8　au(d), ey = 듣다, 들리다

disobey

[dìsəbéi]

dis (아닌) + **ob** (향하여) + **ey** (듣다)

➡ 듣지 않다

동 반항하다, 어기다, 위반하다

관련어휘 ➡ **disobedient** 형 복종하지 않는
disobedience 명 반항, 위반

We disobeyed our teacher.
우리는 선생님에게 반항했다.

He was disobedient to his father.
그는 아버지에게 반항했다.

어원 메모

'오디오(audio)'란 음악 또는 소리를 녹음하거나 재생하는 장치를 말하는데, 이것은 라틴어로 '들리다'라는 뜻의 audire에서 유래한다. 가수나 배우 등을 뽑기 위한 심사인 '오디션(audition)'은 '듣는 것'이 원래 뜻이다.

obey

[oubéi]

동 따르다, 지키다, 복종하다
obedient 형 복종하는, 충실한
obedience 명 복종, 순종

We'd better obey his orders.
우리는 그의 명령을 따르는 편이 낫다.

ob (향하여) + ey (듣다)
➡ 말하는 것을 듣다

audience

[ɔ́:diəns]

명 청중, 관중

There was a large audience in the hall.
그 홀에는 많은 청중이 있었다.

aud (듣다) + ence (명·접)
➡ 듣는 것

auditorium

[ɔ̀:dətɔ́:riəm]

명 강당, 객석

We have a school assembly in the auditorium today.
오늘 우리는 강당에서 전체 조회를 갖는다.

aud (듣다) + it (된) + rium (장소)
➡ 듣게 되는 장소

audit

[ɔ́:dət]

명 회계 감사
동 회계 감사를 하다, 청강하다

The company was audited last week.
그 회사는 지난 주에 회계 감사를 받았다.

aud (듣다) + it (된)
➡ 듣게 되는 것

Chapter

12

접두사처럼 쓰이는 어근

12-1 sacr, saint, sanct = 성스러운, 성(聖)

sacrifice

[sǽkrəfàis]

sacr (성스러운) + **ify** (하다, 만들다) + **ice** (명·접)

➡ 성스러운 존재로 만드는 것

명 희생, 제물   동 희생하다

They killed a sheep as a sacrifice.
그들은 양을 제물로서 죽였다.

He sacrificed his life to save us.
그는 우리를 구하기 위해 목숨을 희생했다.

어원 메모

캘리포니아 주의 주도 Sacramento의 어원은 「거룩한(sacra) + 것(ment)」이란 뜻으로, '흐르는 거룩한 강'에서 유래한다. '성인'을 뜻하는 '세인트(saint)'도 같은 어원이다. 산타클로스(Santa Claus)는 4세기경 소아시아 미라(Myra, 현재의 터키)의 기독교 사제였던 성인 니콜라스(Saint Nicholas)의 이름에서 유래한다.

sacred

[séikrəd]
형 성스러운, 매우 중요한

In India, the cow is a sacred animal.
인도에서 소는 신성한 동물이다.

sacr (성) + ed (형·접)
➡ 성스러운

---

sanction

[sǽŋkʃən]
명 제재, 인가
동 제재를 가하다, 인가하다

They took economic sanctions against the country.
그들은 그 나라에 대한 경제적 제재를 가했다.

sanct (성스러운) + ion (명·접)
➡ 신의 뜻

---

sanctuary

[sǽŋktʃuèri]
명 성역, 보호 구역

Women were not allowed to enter that sanctuary.
여성은 그 성역에 들어가는 것이 허용되지 않았다.

saint (성스러운) + ary (장소)
➡ 성스러운 장소

---

consecrate

[kánsəkrèit]
동 신성시하다, 숭배하다, 바치다
consecration 명 신성화, 봉헌

He consecrated his life to God.
그는 목숨을 신에게 바쳤다.

con (함께) + secr (성스러운) + ate (동·접)
➡ 함께 성스러운 존재로 만들다

12-2 pri(m), pri(n) = 최초, 앞, 먼저

priority

[praióːrəti]

pri (먼저) + **or** (~보다) + **ity** (명·접)

➡ 더 먼저 하는 것

명 우선 사항, 우선권

관련어휘 ➡ **prior** 형 이전의, (~보다) 우선하는

Safety is our first priority.
안전이 우리의 첫 번째 우선 사항이다.

He wrote his will two days prior to his death.
그는 그가 죽기 이틀 전에 유서를 썼다.

어원 메모

'왕자' prince와 '공주' princess는 둘 다 '1순위인 사람'이 원래 뜻이다. 오페라에서 주역이 되는 여가수를 프리마돈나(prima donna)라고 하는데, 이는 「첫 번째(prima) + 부인(donna)」이라는 의미로 이탈리아어에서 유래한다. 방송에서 시청률이 가장 높은 시간대를 우리말에서는 황금 시간대라고 하지만, 영어에서는 prime time이라고 하며 이때 prime은 '가장 중요한'이라는 뜻이다.

priest
[príːst]
명 성직자

Her father is a priest.
그녀의 아버지는 목사입니다.

pri (앞에) + est (사람)
➡ 사람들 앞에 모범이 되는 사람

principal
[prínsəpl]
형 가장 중요한, 주요한
명 교장, 원금

What are the principal rivers of Europe?
유럽의 주요 강에는 어떤 것들이 있습니까?

prin (최초) + cip (잡다) + al (형·접)
➡ 최초로 잡은

primary
[práimèri]
형 최초의, 주요한

My primary concern is your health.
나의 주된 걱정은 너의 건강이야.

prime (최초) + ary (형·접)
➡ 최초의

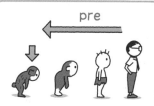

primitive
[prímətiv]
형 원시적인, 원시 사회의

There are still primitive tribes in some parts of the world.
세계의 일부 지역에는 아직 원시 부족들이 존재한다.

prime (최초) + ive (형·접)
➡ 최초의

12-3 alter, ali = 다른

alien
[éiliən]

ali (다른) + **en** (사람)
➡ 다른 장소에서 온 사람

명 외계인, 외국인 형 외국의, 이질적인

I feel like an alien in America.
나는 미국에서 외계인이 된 기분이다.

The idea is alien to their religion.
그 생각은 그들의 종교와 이질적이다.

어원 메모

'알리바이(alibi)'는 범죄 발생 시 현장과 다른 곳에 있었다는 것을 증명하는 것인데, 이것은 라틴어에서 '다른'이라는 의미의 alibi에서 유래하며, 인도유럽어 조어로 '~을 넘어서'라는 뜻의 al로 더 거슬러 올라간다. '다른(other)', '그 밖에(else)'도 같은 어원이다.

alienate

[éiliənèit]
동 멀어지게 만들다

His inconsiderate behavior alienated his friends.

그의 배려심 없는 행동은 친구들을 멀어지게 만들었다.

alien (외국의) + ate (동·접)
➡ 소외시키다

alter

[ɔ́:ltər]
동 (부분적으로) 바꾸다, 고치다
alteration **명** 변경, 수정

I had my pants altered.

나는 바지를 수선했다.

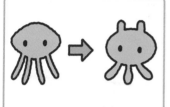

➡ 다른 것이 되다

alternate

형 [ɔ́:ltərnət] **동** [ɔ́:ltərnèit]
형 교대하는, 번갈아 하는
동 교대하다
alternation **명** 교대

They go to school on alternate Saturdays.

그들은 격주 토요일에 학교에 간다.

alter (바꾸다) + ate (형·접)
➡ 번갈아서 하는

alternative

[ɔ:ltə́:rnətiv]
형 대체 가능한, 다른
명 선택지, 대안

He had no alternative but to resign.

그는 사임하는 것 외에 다른 선택지가 없었다.

alternate (교대하다) + ive (형·접)
➡ 교대하는

12-4 amb = 주위, 양쪽

ambition

[æmbíʃən]

amb (주위) + **it** (가다) + **ion** (명·접)

➡ 주위에 가는 것

명 꿈, 야망

관련어휘 ➡ **ambitious** 형 야심 찬

His ambition is to travel around the world.
그의 꿈은 세계 곳곳을 여행하는 것이다.

He is an ambitious politician.
그는 야심 있는 정치가다.

어원 메모

"Boys, be ambitious."는 "소년이여, 큰 뜻을 품어라."라고 번역되는 유명한 구절이다. ambitious의 어원은 「주위에(amb) + 가다(it) + 형·접(ious)」으로 과거 선거에서 입후보자가 표를 모으기 위해 돌아다니던 것에 유래한다. ambassador도 '자기 나라를 위해 주위를 움직이는 사람'이란 뜻으로 '사절'이나 '대사'를 의미한다.

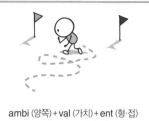

ambi (양쪽) + val (가치) + ent (형·접)
➡ **양쪽의 가치가 있는**

ambivalent

[æmbívələnt]
형 감정이 엇갈리는, 결정을 못 내리는
ambivalence 명 모순, 양면 가치

She is ambivalent about getting married.
그녀는 결혼할 것인지 결정을 못 내리고 있다.

amb (주위) + le (반복)
➡ **주위를 걸어 다니다**

amble

[ǽmbl]
동 느긋하게 걷다
명 느긋하게 걷기, 산책

Let's go for an amble.
산책하러 가자.

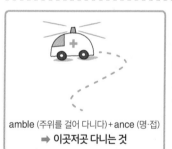

amble (주위를 걸어 다니다) + ance (명·접)
➡ **이곳저곳 다니는 것**

ambulance

[ǽmbjələns]
명 구급차

Somebody call an ambulance!
누군가 구급차를 불러주세요!

amph (양쪽) + bi (살다) + an (것)
➡ **물과 땅 양쪽에 사는 것**

amphibian

[æmfíbiən]
명 양서류
amphibious 형 수륙 양용의, 양서류의

The frog is an amphibian.
개구리는 양서류이다.

12-5 bene, bono = 좋은

benevolent

[bənévələnt]

bene (좋은) + **vol** (뜻) + **ent** (형·접)

➡ 좋은 뜻을 가진

형 자비로운, 선의의

관련어휘 ➡ **benevolence** 명 자비심

He is respected as a benevolent teacher.
그는 선량한 교사로서 존경받고 있다.

The king was known for his benevolence.
그 왕은 자비로운 것으로 알려져 있었다.

어원 메모

'보너스(bonus)'는 라틴어로 '좋은 것'을 뜻하는 것으로, bono나 bene에는 '좋은'이라는 의미가 있다. 프랑스어로 '안녕하세요'는 'Bonjour(봉주르)'인데, 이는 「좋은(bon) + 날(jour)」이라는 의미가 있다. 이탈리아어 'Buon giorno(본조르노)'와 스페인어 'Buenos dias(부에노스디아스)'도 같은 의미의 인사말이다.

benign

[bənáin]

형 온화한, 양성의

The tumor turned out to be benign.

그 종양은 양성으로 밝혀졌다.

beni (좋은) + gn (= gen 태어나다)
➡ 잘 태어난

---

benefactor

[bénəfæktər]

명 은인, 후원자

A private benefactor donated $390,000.

개인 후원자가 39만 달러를 기부했다.

bene (좋은) + fact (만들다) + or (사람)
➡ 선을 베푸는 사람

---

bonito

[bəní:tou]

명 가다랑어

Dried bonito is used in Japanese cuisine.

가다랑어 포는 일본 요리에 쓰인다.

➡ 좋은 물고기

---

bounty

[báunti]

명 너그러움, 풍부함, 포상금
bountiful 형 풍부한

There is a bounty on his head.

그의 머리에는 포상금이 걸려 있다.

boun (좋은) + ty (명·접)
➡ 좋은 것

12-6　mag, may, maj, max = 큰

major

[méidʒər]

maj (큰) + **or** (~보다)

➡ 더 큰

형 큰 쪽의, 중대한　동 전공하다

관련어휘 ➡ **majority** 명 대다수

I majored in English literature.
저는 영문학을 전공했습니다.

The majority of people were against the proposal.
대다수의 사람들이 그 제안에 반대했다.

어원 메모

그리스 문자는 알파(α)로 시작하여 오메가(Ω)로 끝나는데, 영어에서 '오메가(omega)'는 '최후' 또는 '남성'이라는 의미가 있다. Ω는 영어의 장음 O에 해당하며 '큰(mega) O'가 원래 뜻이다. 그리스어로 mega(큰)는 인도유럽 조어의 meg에서 유래한 말로, 라틴어를 거치면서 may, maj, mag 등으로 변화하여 영어로 들어왔다. 지진의 규모는 magnitude 라고 표현한다.

magnify

[mǽgnəfài]

동 확대하다, 과장해서 말하다

magnificent 명 장대한

He tends to magnify his troubles.
그는 자신의 문제를 과장해서 말하는 경향이 있다.

mag (큰) + ify (동·접)
➡ 크게 하다

mayor

[méiər]

명 시장

Who is the mayor of this city?
이 도시의 시장은 누구입니까?

may (큰) + or (사람)
➡ 위대한 사람

majesty

[mǽdʒesti]

명 장엄함, 위엄, 폐하

I was stunned at the majesty of the pyramid.
나는 피라미드의 장엄함에 감동을 받았다.

maj (큰) + ty (명·접)
➡ 큰 것, 위대한 것

maximum

[mǽksəməm]

명 최대[최고]

형 최대의, 최고의

What is the maximum speed of this car?
이 차의 최고 속도는 얼마입니까?

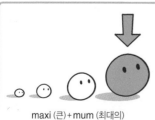

maxi (큰) + mum (최대의)
➡ 가장 큰

12-7 mal = 나쁜

malice

[mǽlis]

mal (나쁜) + **ice** (명·접)

➡ 나쁜 것

명 **악의, 적의**

관련어휘 ➡ **malicious** 형 악의적인

He did it out of sheer malice.
그는 순전히 악의로 그렇게 했다.

Who spread the malicious rumor?
누가 악의적인 소문을 퍼트리는가?

어원 메모

열대·아열대에서 발생하는 열병인 '말라리아(malaria)'는 라틴어로 「나쁜(mal) + 공기 (aria)」에서 유래한 말로, 병원충 감염에 의해 발생하며 모기가 매개 역할을 한다. 이 병은 일찍이 습지대의 '나쁜 공기'가 원인인 것으로 알려져 있다.

malign

[məláin]

형 해로운, 악의적인
동 비방하다

She gave me a malign look.
그녀는 나를 악의에 찬 눈으로 바라보았다.

mali (나쁜) + gn (태어나다)
➡ **나쁘게 태어나다**

malignant

[məlígnənt]

형 악성의, 악의적인

The tumor was malignant.
그 종양은 악성이었다.

mal (나쁜) + gn (태어나다) + ant (형·접)
➡ **나쁘게 태어난**

malady

[mǽlədi]

명 질병, 심각한 문제

Malaria is a kind of serious malady.
말라리아는 심각한 유형의 질병이다.

mal (나쁜) + ady (가지는 것)
➡ **나쁜 것을 가지는 것**

malevolent

[məlévələnt]

형 악의적인, 사악한

Why is he always so malevolent?
왜 그는 항상 그토록 악의적일까?

male (나쁜) + vol (뜻) + ent (형·접)
➡ **나쁜 뜻을 가진**

12-8 micro = 작은

microscope

[máikrəskòup]

micro (작은) + **scope** (보다)

➡ 작은 것을 보는 기계

명 **현미경**

관련어휘 ➡ **microscopic** 형 현미경으로만 볼 수 있는, 매우 작은

He observed it under the microscope.
그는 현미경 아래로 그것을 관찰했다.

Microscopic cracks were found in the bone.
미세한 금이 그 뼈에서 발견되었다.

어원 메모

'미크로네시아(Micronesia)'는 라틴어 micro(작은)와 그리스어 nesos(섬)가 조합된 말로 '작은 섬들'이라는 뜻에서 유래한다. 또한 '폴리네시아(Polynesia)'는 그리스어로 '많은 섬들', '멜라네시아(Melanesia)'는 그리스어로 '검은 섬들'이라는 뜻이다.

microbe

micro (작은) + be (생명)
➡ 작은 생명

[máikroub]
명 미생물

She discovered a new microbe.
그녀는 새로운 미생물을 발견했다.

microcosm

micro (작은) + cosm (세계)
➡ 작은 세계

[máikrəkàzm]
명 소우주, 축소판

The family is a microcosm of society.
가족은 사회의 축소판이다.

microphone

micro (작은) + phone (소리)
➡ 작은 소리를 크게 만드는 기계

[máikrəfòun]
명 마이크

Will you speak into the microphone?
마이크에 대고 말해 주시겠어요?

microwave

micro (작은) + wave (파)
➡ 짧은 파장

[máikrəwèiv]
명 마이크로파, 극초단파, 전자레인지
동 전자레인지에 요리하다

Heat it up in the microwave.
그것을 전자레인지에 데우세요.

12-9 mater, metro = 어머니, 물건

matter

[mǽtər]

나무 줄기 ➡ 집을 짓는 목재 ➡ 재료 ➡ 물건

명 일, 문제, 물질 **동** 중요하다

It's a matter of great interest.
그것은 중대한 문제이다.

It doesn't matter if he succeeds or not.
그가 성공하든 그렇지 않든 중요치 않다.

어원 메모

프랑스 파리의 지하철 명칭은 '메트로(Metro)'인데, 프랑스어로 Chemin de Fer Métropolitain, 즉 '대도시의 철길'이라는 뜻에 유래한다. '대도시' metropolis는 「metro(어머니) + polis(도시)」가 어원으로 인도유럽어 조어에서 '어머니'를 뜻하는 mater로 거슬러 올라가며, 이것은 영어에서 mother(어머니)가 되었다.

282

matter (물건) + ial (형·접)
➡ 물질의

material

[mətíriəl]

형 물질적인, 중요한
명 재료, 물질

I'm collecting material for a book.
저는 책을 만들 자료를 모으고 있어요.

mater (어머니) + al (형·접)
➡ 어머니의

maternal

[mətə́ːrnl]

형 어머니의, 모성의
maternity 명 모성, 임산부 상태

She has a strong maternal instinct.
그녀는 모성 본능이 강하다.

metro (어머니) + polis (도시) + an (형·접)
➡ 어머니인 도시의

metropolitan

[mètrəpálətn]

형 대도시의, 주요 도시의
metropolis 명 대도시, 주요 도시

She wants to live in a metropolitan area.
그녀는 대도시 지역에서 살고 싶어한다.

matrix (모체) + ate (동·접)
➡ 모체에 들어가다 ➡ 모교가 되다

matriculate

[mətríkjəlèit]

동 대학에 들어가다, 대학 입학을 허가하다
matriculation 명 대학 입학 허가

My son matriculated at Columbia University.
내 아들은 Columbia 대학에 들어갔다.

12-10 gli, gla, glo = 빛나다

glow
[glóu]

➡ 빛나다

동 반짝이다, 빛나다 명 빛, 밝음

I saw the evening sun glowing pink.
나는 저녁 해가 분홍빛으로 타오르는 것을 보았다.

Look at the evening glow.
저녁 노을을 봐.

어원 메모

'유리' glass는 인도유럽어 조어로 '빛나는' 것을 의미하는 ghel에서 유래한 것으로, 게르만어를 거쳐 영어에 들어온 단어이다. gla, gli, glo로 시작하는 단어 대부분이 이 뜻을 가진다. '립글로스(lip gloss)'는 입술에 윤기를 더하기 위해 바르는 화장품으로 gloss는 '윤기, 광택'이라는 의미이다. '금'은 gold인데, 네덜란드의 과거 화폐 단위 guilder(길더)는 '금'이라는 어원적 의미가 있다.

glitter

[glítər]

동 반짝거리다, 번뜩이다
명 반짝임, 반짝이는 빛

All that glitters is not gold.
반짝이는 것이 전부 금은 아니다.

gli (빛나다) + ter (반복)
➡ 여러 번 빛나다

glisten

[glísn]

동 빛나다, 반짝거리다

The road glistened after the rain.
비 온 뒤의 도로는 반짝거렸다.

glis (빛나다) + en (동·접)
➡ 빛나다

glare

[gléər]

동 노려보다, 눈부시게 빛나다

She glared at me with rage.
그녀는 분노하며 나를 노려보았다.

➡ 눈부시게 빛나다

glimpse

[glímps]

명 언뜻 보기, 잠깐 봄
동 언뜻 보다

She caught a glimpse of me.
그녀는 나를 언뜻 보았다.

➡ 눈을 반짝이는 것

285

12-11 wr, war, wor = 비틀다, 구부리다

wrap
[ræp]

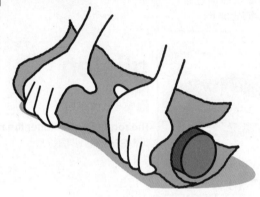

➡ 종이나 천을 구부려 감싸다

동 싸다, 포장하다

관련어휘 ➡ **wrapping** 명 포장지

Will you wrap this?
이것을 포장해 주시겠어요?

Don't tear the wrapping off.
포장지를 찢지 마세요.

어원 메모

공상 과학 소설 등에 등장하는 '워프(warp)'는 우주 공간의 변형이나 뒤틀림을 이용하여 순식간에 목적지에 도달하는 것을 말한다. wrist는 관절이 굽어지는 곳인 '손목'이며, 꽃을 고리 모양으로 구부린 것이 '리스(wreath)' 장식이다. 몸을 비틀면서 땅을 기어다니는 '벌레'는 worm, 몸을 꼬듯이 '걱정(하는)' 것은 worry, '틀린', '부정한', '잘못된'은 wrong, 몸을 비틀어 '격투하다'는 wrestle, 비틀어 고정하거나 조이는 도구는 '렌치(wrench)'이다.

286

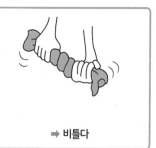

→ 비틀다

wring

[ríŋ]

동 쥐어짜다, 세게 비틀다

Will you wring out this wet towel?
이 젖은 수건을 좀 짜 주실래요?

→ 옷이나 종이를 비틀면 생기는 주름

wrinkle

[ríŋkl]

명 주름 **동** 주름을 잡다

This shirt wrinkles easily.
이 셔츠는 쉽게 주름이 생긴다.

→ 비틀린

weird

[wíərd]

형 기이한, 기괴한

I had a weird dream last night.
저는 어젯밤에 이상한 꿈을 꿨어요.

→ 얼굴이 뒤틀릴 정도의 분노

wrath

[ráθ]

명 (극도의) 분노, 노여움

Who wrote *The Grapes of Wrath*?
누가 '분노의 포도'를 썼지요?

12-12 ac(u), acer, acro = 침, 날카로운, 우뚝 솟은

acute

[əkjúːt]

➡ 침으로 찔렸을 때의 날카로운 통증

형 급성의, 날카로운, 심각한

관련어휘 ➡ **cute** 형 귀여운, 영리한

I had an acute pain in my stomach.
저는 배에 급작스러운 통증이 있었어요.

Dogs have an acute sense of smell.
개들은 예민한 후각을 가지고 있다.

어원 메모

'귀여운' 것을 의미하는 cute는 acute에서 a가 없어진 형태로, 원래 '영리한', '현명한'이라는 의미로부터 미국에서 생겨난 말이다. '아크로바틱(acrobatic)'은 그리스어로 「발끝으로(acro) + 걷다(bat) + 형·접(ic)」으로, 가느다란 로프 위를 발끝으로 건너는 것에서 유래한다. 파르테논 신전은 아테네의 '아크로폴리스(acropolis)'에 있는데, acropolis는 「우뚝 솟은(acro) + 도시(polis)」가 원래 뜻이다.

288

acu (끝이 뾰족한 침) + punct
(= point 찌르다) + ure (명·접)
➡ **침으로 찌르는 것**

acupuncture

[ǽkjəpʌ̀ŋktʃər]

명 침술 (요법)

acupressure 명 지압

I'm having acupuncture treatment.
저는 침 치료를 받고 있습니다.

➡ **혀 끝이 찌릿한**

acid

[ǽsid]

형 신맛이 나는, 산성의, 신랄한

acidity 명 신맛, 산성

acidify 동 산성화하다, 시게 하다

The ecosystem is affected by acid rain.
생태계는 산성비의 영향을 받는다.

acro (우뚝 솟은 → 높은) + phobia (공포)
➡ **높은 곳에 대한 공포**

acrophobia

[ǽkrəfóubiə]

명 고소 공포증

I have terrible acrophobia.
나는 심각한 고소 공포증이 있어요.

acri (날카로운) + id (형·접)
➡ **날카로운 맛의**

acrid

[ǽkrid]

형 코를 찌르는, 매캐한

This medicine has an acrid smell.
이 약은 코를 찌르는 냄새가 난다.

12-13 phil(e) = 사랑하다, 좋아하다

philosophy
[fəlásəfi]

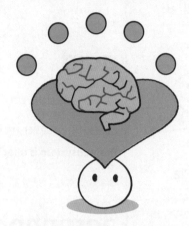

philo (사랑하다) + **sophy** (지혜)
➡ 지혜를 사랑하는 것
명 **철학, 인생관**

관련어휘 ➡ **philosopher** 명 철학자
philosophical 형 철학적인

I like his philosophy.
나는 그의 인생관을 좋아해요.

His father is a famous philosopher.
그의 아버지는 유명한 철학자이다.

어원 메모

미국의 필라델피아(Philadelphia)는 그리스어로 「사랑하다(phil) + 형제(adelphi)」라는
뜻으로, '형제애'를 의미한다. 필리핀(Philippines)은 스페인의 펠리페 2세(Philip II)의
이름에서 유래한 것으로, Philip는 그리스어로 '(동물) 말을 사랑하다'라는 뜻의 Philippos
에서 유래한다.

philo (사랑하다) + log (말) + y (명·접)
➡ 말을 사랑하는 학문

philology

[filάlədʒi]

명 문헌학, 언어학

I'm going to major in comparative philology.

저는 비교 언어학을 전공할 생각입니다.

phil (사랑하다) + anthrop (인류) + ist (사람)
➡ 인류를 사랑하는 사람

philanthropist

[filǽnθrəpist]

명 박애주의자, 자선가

philanthropy 명 인류애, 박애, 자선 활동

philanthropic 형 인자한

The author is known as a philanthropist.

그 저자는 박애주의자로 알려져 있다.

hemo (혈액) + philia (사랑하다)
➡ 혈액을 사랑하는 병

hemophilia

[hìːməfíliə]

명 혈우병

Many people suffer from hemophilia.

많은 사람들이 혈우병으로 고통받는다.

phil (사랑하다) + harmony (조화)
+ ic (형·접)
➡ 조화를 사랑하는

philharmonic

[filərmάnik]

형 교향악단의, 음악을 좋아하는

The concert will be performed by the Berlin Philharmonic Orchestra.

그 콘서트는 베를린 교향악단에 의해 연주될 것이다.

색인

진하게 표시한 숫자는 **표제어** 페이지, 나머지는 관련어휘 페이지를 나타냅니다.

접두사 목록

진하게 표시된 글자는 해당 **접두사**가 들어간 단어이고, 나머지는 다른 Chapter에서 그 접두사가 사용된 단어입니다.
▶는 접두사를 나타내고, ◎는 그 변형을 나타냅니다.

inter-, dia-, per-
(사이에, 통과해서)

Chapter 1

sur-, trans-, super-
(위에, 넘어서, 가로질러)

Chapter 2

ad-, a-
(~ 쪽으로, ~에)

Chapter 3

pre-, pro-
(앞에)

Chapter 4

▶ pre-

e(x)-, extr(a)-
(밖에, 넘어서)

Chapter 5

▶ ex-

◎ e-

◎ ec-

▶**extr(a)-**

◎ extra- (기본형)

◎ exter-

◎ extro-

co-, con-, com-
(함께, 완전히)

Chapter 6

▶**con-**

◎ con- (기본형)

◎ com- (b, m. p로 시작되는 어근 앞에서)

◎ co- (모음이나 h, g, w로 시작되는 어근 앞에서)

◎ col- (l로 시작되는 어근 앞에서)

in-, en-, em-
(안에, 완전히)

Chapter 7

in-, un-, a-
(아닌)

Chapter 8

de-, sub-
(아래에)

Chapter 9

re-
(다시, 뒤로, 완전히)

Chapter 10

ab(ad)-, dis-

(떨어져, 아닌)

Chapter 11

전체 색인

진하게 표시한 숫자는 『어원 덕분에 영어 공부가 쉬워졌습니다 플러스편』 표제어 페이지, 회색으로 표시한 숫자는 『어원 덕분에 영어 공부가 쉬워졌습니다』 1권에 게재된 페이지를 나타냅니다. 나머지는 플러스편의 관련어휘 페이지를 나타냅니다.

T

이 책을 만든 사람들

시미즈 켄지(清水建二)

도쿄에서 태어나 사이타마 현립 고시가야키타 고등학교를 졸업하고 조치대학 문학부 영문학과에 들어갔다. 졸업 후에는 가이드 통역사, 도신 하이스쿨 강사, 진학의 명문 현립 우라와 고등학교 등을 거쳐 현재는 사이타마 현립 시로오카 고등학교 교사로 재직 중이다. 기초부터 상급까지 알기 쉽게 가르치는 독특한 교육법으로 정평이 나 있고, '시미켄'이라는 애칭으로 불리며 학생들과 친밀한 사이로 지내고 있다. 이 책에서는 문장을 담당했다.

스즈키 히로시(すずきひろし)

가나가와 현에서 태어나 영어 교사, 영어 교재 개발자, 일러스트레이터로 활약 중이다. 영어 문법이나 단어의 의미를 일러스트로 알기 쉽게 명시화하는 방법을 추구한다. 가나가와 현의 사가미오노에서 문을 연 '어른을 위한 영어 학원'이나 문화센터에서 초보 영어, 비즈니스 영어 등의 강좌를 통해 평생 학습을 지원한다. 이 책에서는 일러스트의 원안을 담당했다.

【일러스트레이터】

혼마 아키후미(本間昭文)

1977년에 태어나 2006년부터 프리랜서 일러스트레이터로서 광고와 서적 분야를 중심으로 활약 중이다. 이 책에서는 그림 그리는 것을 담당했다.

【역자】

㈜키출판사 편집부

<미국교과서 읽는 리딩>, <매3> 시리즈, <덕분에> 시리즈, <매일 10분 기적> 시리즈 등 유·초등부터 중고등 교재, 성인 학습서에 이르기까지 유수의 베스트셀러, 스테디셀러를 출판해 오고 있다. "교육 R&D에 앞서가는 키출판사"라는 슬로건 아래 아동 발달론, 외국어 교육학 등 다양한 연구 결과를 바탕으로 누구나 쉽게 따라올 수 있는 '반드시 성공할 수밖에 없는 교육'을 위한 콘텐츠 개발에 힘쓰고 있다.

비즈니스 + 트렌드 시사 어휘 + 공무원 시험 + 수능에 플러스되는 영단어 어원 그림책

어원 덕분에 영어 공부가 쉬워졌습니다 플러스편

초판 3쇄 발행 2023년 3월
저자 시미즈 켄지(清水建二), 스즈키 히로시(すずきひろし)
역자 ㈜키출판사 편집부
펴낸이 김기중
펴낸곳 ㈜키출판사
전화 1644-8808 / 팩스 02) 733-1595
등록 1980. 3. 19. (제16-32호)

© 2020 시미즈 켄지(清水建二), 스즈키 히로시(すずきひろし)

정가 15,000원

ZOKU EITANNGO NO GOGENZUKAN by Kenji Shimizu, Hiroshi Suzuki
Illustrated by Akifumi Honma
Copyright © Kenji Shimizu, Hiroshi Suzuki, 2019, All rights reserved.
Original Japanese edition published by KANKI PUBLISHING INC.
Korean translation copyright © 2020 by Key Publications

This Korean edition published by arrangement with KANKI PUBLISHING INC., Tokyo,
through HonnoKizuna, Inc., Tokyo, and Imprima Korea Agency